ENSAIOS
INSÓLITOS

Darcy Ribeiro

ENSAIOS
INSÓLITOS

São Paulo
2015

© Fundação Darcy Ribeiro, 2013
3ª Edição, Global Editora, São Paulo 2015

Jefferson L. Alves – diretor editorial
Gustavo Henrique Tuna – editor assistente
Flávio Samuel – gerente de produção
Flavia Baggio – coordenação editorial e revisão
Solange Trevisan zc – projeto gráfico
Marcelo Girard – capa

Obra atualizada conforme o
NOVO ACORDO ORTOGRÁFICO DA LÍNGUA PORTUGUESA.

CIP-BRASIL. CATALOGAÇÃO NA FONTE
SINDICATO NACIONAL DOS EDITORES DE LIVROS, RJ

R369e

Ribeiro, Darcy, 1922-1997
Ensaios insólitos / Darcy Ribeiro. – [3. ed.] – São Paulo : Global, 2015.

ISBN 978-85-260-2170-9

1. América Latina - Discursos, ensaios, conferências. I. Título.

15-19067 CDD: 980
          CDU: 94(8)

Direitos Reservados

global editora e distribuidora ltda.
Rua Pirapitingui, 111 – Liberdade
CEP 01508-020 – São Paulo – SP
Tel.: (11) 3277-7999 – Fax: (11) 3277-8141
e-mail: global@globaleditora.com.br
www.globaleditora.com.br

Colabore com a produção científica e cultural.
Proibida a reprodução total ou parcial desta obra
sem a autorização do editor.

Nº de Catálogo: **3675**

ENSAIOS
INSÓLITOS

Sumário

Nota explicativa
Reflexão incomum   10

Obviedades
Sobre o óbvio   13
O abominável homem novo   33
Venutopias 2003   51
A brasa ardente   65

Indianidades
Os índios e nós   81
Etnicidade, indigenato e campesinato   109
Um ministro agride os índios   135
Por uma antropologia melhor e mais nossa   155

Diversidades
A América Latina existe?   163
Tipologia política latino-americana   177
Segunda carta de Pero Vaz de Caminha   211
Três pragas acadêmicas   223
Réquiem   233

NOTA EXPLICATIVA

REFLEXÃO INCOMUM

Ao longo de sua vida, Darcy Ribeiro lidou com desafios: foi um dos criadores do Parque Indígena do Xingu, exerceu cargos na política brasileira com coragem e percepção das reais funções de um homem público, fundou e foi o primeiro reitor da Universidade de Brasília, agiu ativamente na consolidação de universidades no Uruguai e na Venezuela e foi pioneiro na formulação de uma política de educação em tempo integral para os estudantes por meio da criação dos Centros Integrados de Educação Pública (CIEPs). Em meio a tudo isso, Darcy dedicou-se a interpretar o Brasil, dissecando os meandros de seu passado, verificando suas reverberações no presente e projetando as possibilidades de se construir um futuro mais igualitário para sua sociedade.

Parte significativa desse esforço intelectual de Darcy está neste *Ensaios insólitos*. Composto por reflexões concebidas em sua maioria nos anos 1970, não restam dúvidas de que elas ainda mantêm seu frescor. São análises instigantes que levam um tom que por vezes chega a ser o de uma conversa, feitas por um pensador que não se furtou a tocar em questões polêmicas. Aqui, o mestre Darcy posiciona-se com clareza e ousadia sobre temas como as raízes da desigualdade social na América Latina, o dilema entre integração e assimilação dos povos indígenas, os desafios que devem ocupar as mentes dos intelectuais nas universidades, entre outros.

Optou-se nesta edição pela não inclusão do capítulo "Gentidades" presente na primeira edição do livro, publicada em 1979, tendo vista que esse segmento saiu autonomamente em livro, em 1997. Mesmo com essa exclusão, o volume permanece fiel ao que seu título sugere: uma reflexão incomum.

Os editores

OBVIEDADES

SOBRE O ÓBVIO[*]

Nosso tema é o óbvio. Acho mesmo que os cientistas trabalham é com o óbvio. O negócio deles – nosso negócio – é lidar com o óbvio. Aparentemente, Deus é muito treteiro, faz as coisas de forma tão recôndita e disfarçada que se precisa dessa categoria de gente – os cientistas – para ir tirando os véus, desvendando, a fim de revelar a obviedade do óbvio. O ruim desse procedimento é que parece um jogo sem fim. De fato, só conseguimos desmascarar uma obviedade para descobrir outras, mais óbvias ainda.

Para começar, antes de entrar na obviedade educacional – que é nosso tema – vejamos algumas outras obviedades. É óbvio, por exemplo, que todo santo dia o sol nasce, se levanta, dá sua volta pelo céu, e se põe. Sabemos hoje muito bem que isso não é verdade. Mas foi preciso muita astúcia e gana para mostrar que a aurora e o crepúsculo são tretas de Deus. Não é assim? Gerações de sábios passaram por sacrifícios, recordados por todos, porque disseram que Deus estava nos enganando com aquele espetáculo diário. Demonstrar que a coisa não era como parecia, além de muito difícil, foi penoso, todos sabemos.

Outra obviedade, tão óbvia quanto essa ou mais óbvia ainda, é que os pobres vivem dos ricos. Está na cara! Sem os ricos, o que é que seria dos pobres? Quem é que poderia fazer uma caridade? Me dá um empreguinho aí! Seria impossível arranjar qualquer ajuda. Me dá um dinheirinho aí! Sem rico o mundo estaria incompleto, os pobres estariam perdidos. Mas

---

[*] Fala no Simpósio sobre Ensino Público, na 29ª Reunião da SBPC, realizada em São Paulo, em julho de 1977.

vieram uns barbados dizendo que não, e atrapalharam tudo. Tiraram aquela obviedade e puseram outra oposta no lugar. Aliás, uma obviedade subversiva.

Uma terceira obviedade que vocês conhecem bem, por ser patente, é que os negros são inferiores aos brancos. Basta olhar! Eles fazem um esforço danado para ganhar a vida, mas não ascendem como a gente. Sua situação é de uma inferioridade social e cultural tão visível, tão evidente, que é óbvia. Pois não é assim, dizem os cientistas. Não é assim, não. É diferente! Os negros foram inferiorizados. Foram e continuam sendo postos nessa posição de inferioridade por tais e quais razões históricas. Razões que nada têm a ver com suas capacidades e aptidões inatas, mas têm tudo que ver com certos interesses muito concretos.

A quarta obviedade, mais difícil de admitir – e eu falei das anteriores para vocês se acostumarem com a ideia – a quarta obviedade é a obviedade doída de que nós, brasileiros, somos um povo de segunda classe, um povo inferior, chinfrim, vagabundo. Mas tá na cara! Basta olhar! Somos cem anos mais velhos que os estadunidenses, e estamos com meio século de atraso com relação a eles. A verdade, todos sabemos, é que a colonização da América no Norte começou cem anos depois da nossa, mas eles hoje estão muito adiante. Nós, atrás, trotando na história, trotando na vida. Um negócio horrível, não é? Durante anos, essa obviedade que foi e continua sendo óbvia para muita gente nos amargurou. Mas não conseguíamos fugir dela, ainda não.

A própria ciência, por longo tempo, parecia existir somente para sustentar essa obviedade. A Antropologia, minha ciência, por exemplo, por demasiado tempo não foi mais do que uma doutrina racista sobre a superioridade do homem branco, europeu e cristão, a destinação civilizatória que pesava sobre seus ombros como um encargo histórico e sagrado.

Nem foi menos do que um continuado esforço de erudição para comprovar e demonstrar que a mistura racial, a mestiçagem, conduzida a um produto híbrido inferior, produzindo uma espécie de gente-mula, atrasada e incapaz de promover o progresso. Os antropólogos, coitados, por mais de um século estiveram muito preocupados com isso, e nós, brasileiros, comemos e bebemos essas tolices deles durante décadas, como a melhor ciência do mundo. O próprio Euclides da Cunha não podia dormir porque dizia que o Brasil ou progredia ou desaparecia, mas perguntava: como progredir, com esse povo de segunda classe? Dom Pedro II, imperador dos mulatos brasileiros, sofria demais nas conversas com seu amigo e afilhado Gobineau, embaixador da França no Brasil, teórico europeu competentíssimo da inferioridade dos pretos e mestiços.

O mais grave, porém, é que além de ser um povo mestiço – e, portanto, inferior e inapto para o progresso – nós somos também um povo tropical. E tropical não dá! Civilização nos trópicos não dá! Tropical é demais. Mas isso não é tudo. Além de mestiço e tropical, outra razão de nossa inferioridade evidente – demonstrada pelo desempenho histórico medíocre dos brasileiros – além dessas razões, havia a de sermos católicos, de um catolicismo barroco, não é? Um negócio atrasado, extravagante, de rezar em latim e confessar em português.

Pois além disso tudo a nos puxar para trás, havia outras forças, ainda piores, entre elas a nossa ancestralidade portuguesa. Estão vendo que falta de sorte? Em lugar de avós ingleses, holandeses, gente boa, logo portugueses... Lusitanos! Está na cara que este país não podia ir para frente, que este povo não prestava mesmo, que esta nação estava mesmo condenada: mestiços, tropicais, católicos e lusitanos é dose para elefante.

Bom, essas são as obviedades com que convivemos alegre ou sofridamente por muito tempo. Nos últimos anos, porém, descobrimos meio assombrados – descoberta que só se generalizou aí pelos anos 1950, mais ou menos – descobrimos realmente ou começamos a atuar como quem sabe, afinal, que aquela óbvia inferioridade racial inata, climático-telúrica, asnal-lusitana e católico-barroca do brasileiro, era como a treta diária do sol que todo dia faz de conta que nasce e se põe. Havíamos descoberto, com mais susto do que alegria, que à luz das novas ciências, nenhuma daquelas teses se mantinha de pé. Desde então, tornando-se impossível, a partir delas, explicar confortavelmente todo o nosso atraso, atribuindo-o ao povo, saímos em busca de outros fatores ou culpas que fossem as causas do nosso fraco desempenho neste mundo.

Nesta indagação – vejam como é ruim questionar! – acabamos por dar uma virada prodigiosa na roleta da ciência. Ela veio revelar que aquela obviedade de sermos um povo de segunda classe não podia mesmo se manter, porque escondia uma outra obviedade mais óbvia ainda. Esta nova verdade nos assustou muito, levamos tempo para engolir a novidade. Sobretudo nós, universitários, sobretudo nós, inteligentes. Sobretudo nós, bonitos. Falo da descoberta de que a causa real do atraso brasileiro, os culpados de nosso subdesenvolvimento somos nós mesmos, ou melhor, a melhor parte de nós mesmos: nossa classe dominante e seus comparsas. Descobrimos também, com susto, à luz dessa nova obviedade, que realmente não há país construído mais racionalmente por uma classe dominante do que o nosso. Nem há sociedade que corresponda tão precisamente aos interesses de sua classe dominante como o Brasil.

Assim é que, desde então, lamentavelmente, já não há como negar dois fatos que ficaram ululantemente óbvios. Primeiro, que não é nas qualidades ou defeitos do povo que está a razão do nosso atraso, mas nas características de nossas classes dominantes, no seu setor dirigente e, inclusive, no seu segmento intelectual. Segundo, que nossa velha classe tem sido altamente capaz na formulação e na execução do projeto de sociedade que melhor corresponde a seus interesses. Só que esse projeto, para ser implantado e mantido, precisa de um povo faminto, chucro e feio.

Nunca se viu, em outra parte, ricos tão capacitados para gerar e desfrutar riquezas, e para subjugar o povo faminto no trabalho, como os nossos senhores empresários, doutores e comandantes. Quase sempre cordiais uns para com os outros, sempre duros e implacáveis para com subalternos, e insaciáveis na apropriação dos frutos do trabalho alheio. Eles tramam e retramam, há séculos, a malha estreita dentro da qual cresce, deformado, o povo brasileiro. Deformado e constrangido e atrasado. E assim é, sabemos agora, porque só assim a velha classe pode manter, sem sobressaltos, esse tipo de prosperidade de que ela desfruta, uma prosperidade jamais generalizável aos que a produzem com seu trabalho, mas uma prosperidade sempre suficiente para reproduzir, geração após geração, a riqueza, a distinção e a beleza de nossos ricos, suas mulheres e filhos.

$$\infty$$

Por essa razão, é que a segunda parte desta minha fala será o elogio da classe dominante brasileira. O que aspiramos, objetivamente, é retratá-la aqui em toda a sua alta competência. Mais até do que competente, acho que ela é façanhuda, porque fez coisas tão admiráveis e únicas ao longo dos séculos, que merece não apenas nossa admiração, mas também nosso espanto.

A primeira evidência a ressaltar é que nossa classe dominante conseguiu estruturar o Brasil como uma sociedade de economia extraordinariamente próspera. Por muito tempo se pensou que éramos e somos um país pobre, no passado e agora. Pois não é verdade. Essa é uma falsa obviedade. Éramos e somos riquíssimos! A renda *per capita* dos escravos de Pernambuco, da Bahia e de Minas Gerais – eles duravam em média uns cinco anos no trabalho – mas a renda *per capita* dos nossos escravos era, então, a mais alta do mundo. Nenhum trabalhador, naqueles séculos, na Europa ou na Ásia, rendia em libras – que eram os dólares da época – como um escravo trabalhando num engenho no Recife; ou lavrando ouro em Minas Gerais; ou, depois, um escravo, ou mesmo um imigrante italiano, trabalhando num cafezal em São Paulo. Aqueles empreendimentos foram um sucesso formidável. Geraram, além de um PIB prodigioso, uma renda *per capita* admirável. Então, como agora, para uso e gozo de nossa sábia classe dominante.

A verdade verdadeira é que, aqui no Brasil, se inventou um modelo de economia altamente próspero, mas de prosperidade pura. Quer dizer, livre de quaisquer comprometimentos sentimentais. A verdade, repito, é que nós, brasileiros, inventamos e fundamos um sistema social perfeito para os que estão do lado de cima da vida. Senão, vejamos. O valor da exportação brasileira no século XVII foi maior que o da exportação inglesa no mesmo período. O produto mais nobre da época era o açúcar. Depois, o produto mais rendoso do mundo foi o ouro de Minas Gerais que multiplicou várias vezes a quantidade de ouro existente no mundo. Também, então, reinou para os ricos uma prosperidade imensa. O café, por sua vez, foi o produto mais importante do mercado mundial até 1913, e nós desfrutamos, por longo tempo, o monopólio dele. Nesses três casos, que correspondem a conjunturas quase seculares, nós tivemos e desfrutamos uma prosperidade enorme. Depois, por algumas décadas, a borracha e o cacau deram também surtos invejáveis de prosperidade que enriqueceram e dignificaram as camadas proprietárias e dirigentes de diversas regiões. O importante a assinalar é que, modéstia à parte, aqui no Brasil se tinha inventado ou ressuscitado uma economia especialíssima, fundada num sistema de trabalho que, compelindo o povo a produzir o que ele não consumia – produzir para exportar –, permitia gerar uma prosperidade não generosa, ainda que propensa, desde então, a uma redistribuição preterida.

Enquanto isso se fez debaixo dos sólidos estatutos da escravidão, não houve problema. Depois, porém, o povo trabalhador começou a dar trabalho, porque tinha de ser convencido na-lei-ou-na-marra, de que seu reino não era para agora, que ele verdadeiramente não podia nem precisava comer hoje. Porque o que ele não come hoje comerá acrescido amanhã. Porque só acumulando agora, sem nada desperdiçar comendo, se poderá progredir amanhã e sempre. O povão, hoje como ontem, sempre andou muito desconfiado de que jamais comerá depois de amanhã o feijão que deixou de comer anteontem. Mas as classes dominantes e seus competentes auxiliares aí estão para convencer a todos – com pesquisas, programas e promoções – de que o importante é exportar, de que é indispensável e patriótico ter paciência: esperem um pouco, não sejam imediatistas nem economicistas. O bolo precisa crescer; sem um bolo maior – nos dizem o Delfim lá de Paris e o daqui – sem um bolo acrescido, este país estará perdido. É preciso um bolo respeitável, é indispensável uma poupança ponderável, uma acumulação milagrosa para que depois se faça, amanhã, prodigiosamente, a distribuição.

Bem, essa classe dominante, promotora da prosperidade restrita e do progresso contido, realizou verdadeiras façanhas com sua extraordinária habilidade. A primeira foi a própria Independência do Brasil, que se deu, de fato, antes de qualquer outra na América Latina, pois ocorreu no momento em que Napoleão enxotava a família real de Portugal. Com ela saem de Lisboa 15 mil fâmulos. Imaginem só o que representou isso como empreendimento? Não falo da epopeia de transladar essa multidão de gentes para além-mar – afinal, mais negros se importavam todo ano. Falo da invasão do Brasil por 15 mil pessoas das famílias nobres de Portugal. Foi como refundar o país, pelo menos o país dominante.

Com eles nos vinha, de graça, toda aquela secular sabedoria política lusitana de viver e sobreviver ao lado dos espanhóis, sem conviver nem brigar com eles. Toda aquela sagacidade burocrática, toda aquela cobiça senhorial com seu espantoso apetite de enricar e de mandar. Portugal, em sua generosidade, nos legava, na hora do declínio, sua nobreza mais nobre. Aquela cujo luxo já estávamos habituados a pagar, para ela aqui continuar regendo uma sociedade confortável para si própria como o fora o velho reino, e até mais próspera.

O resultado imediato dessa transladação da sabedoria classista portuguesa foi a capacidade, prontamente revelada, pela velha classe dominante – agora nova e nossa – em episódios fundamentais. Primeiro, o de resguardar a unidade nacional que foi o seu grande feito. Tanto mais em relação ao que sucedeu à América Espanhola que, sem-rei-nem-lei se balcanizou rapidamente. O Brasil, que estava também dividido em regiões e administrações coloniais igualmente diferenciadas, conseguiu, graças a essa sabedoria, preservar sua unidade para surgir ao mundo com as dimensões gigantescas de que tanto nos orgulhamos hoje.

A outra façanha da velha classe foi sua extraordinária capacidade de enfrentar e vencer todas as revoluções sociais que se desencadearam no país. Essa eficiência repressiva lhes permitia esmagar todos os que reclamavam o alargamento das bases da sociedade, para que mais gente participasse do produto do trabalho e, assim, reafirmar e consolidar sua hegemonia. Posteriormente, coroaram tal feito com outro ainda maior, que foi o de escrever a história dessas lutas sociais como se elas fossem motins.

Recentemente descobrimos, outra vez assustados – dessa vez graças às perquirições de José Honório –, que o Brasil não é tão cordial como quereria o nosso querido Sérgio. Durante o período das revoltas sociais anteriores e seguintes à Independência, morreram no Brasil mais de 50 mil pessoas, inclusive uns sete padres enforcados. O certo é que nossos 50 mil mortos são muito mais mortos do que todos que morreram nas lutas de independência da América Espanhola, tidas como das mais cruentas da história. Os nossos, porém, foram surrupiados da história oficial das lutas sociais por serem vítimas de meros motins, revoltas e levantes e, como tal, não merecem entrar na crônica historiográfica séria da sabedoria classista.

Além dessas grandes façanhas, nossa classe dominante acometeu tarefas gigantescas com uma sabedoria crescente, que eu tenho o dever de assinalar nesta louvação. Façanha sobremodo admirável foi a nossa Lei de Terras, aprovada em 1850, quer dizer, dez anos antes da América do Norte estatuir o *homestead*, que é a lei de terras lá deles.

A lei brasileira não só foi anterior, como muito mais sábia. Sua sagacidade se revela inteira na diferença de conteúdo social com respeito à legislação da América do Norte, bem demonstrativo da capacidade da nossa classe dominante para formular e instituir a racionalidade que mais convém à imposição de seus altos interesses. A classe dominante brasileira inscreve na Lei de Terras um juízo muito simples: a forma normal de obtenção da prioridade é a compra. Se você quer ser proprietário, deve comprar suas terras do Estado ou de quem quer que seja que as possua a título legítimo. Comprar! É certo que estabelece generosamente uma exceção cartorial: o chamado usucapião. Se você puder provar, diante do escrivão competente, que ocupou continuadamente, por dez ou vinte anos, um pedaço de terra, talvez consiga que o cartório o registre como de sua propriedade legítima. Como nenhum caboclo vai encontrar esse cartório, quase ninguém registrou jamais terra nenhuma por essa via. Em consequência, a boa terra não se dispersou, e todas as terras alcançadas pelas fronteiras da civilização foram competentemente apropriadas pelos antigos proprietários que, aquinhoados, puderam fazer de seus filhos e netos outros tantos fazendeiros latifundiários.

Foi assim, brilhantemente, que a nossa classe dominante conseguiu duas coisas básicas: assegurou a propriedade monopolística da terra para suas empresas agrárias e assegurou que a população trabalharia docilmente para ela, porque só podia sair de uma fazenda para cair em outra fazenda igual, uma vez que em lugar nenhum conseguiria terras para ocupar e fazer suas pelo trabalho.

A classe dominante norte-americana, menos previdente e quiçá mais ingênua, estabeleceu que a forma normal de obtenção de propriedade rural era a posse e a ocupação das terras por quem fosse para o Oeste – como se vê nos filmes de faroeste. Qualquer pioneiro podia demarcar cento e tantos acres e ali se instalar com a família, porque só o fato de morar e trabalhar a terra fazia dela propriedade sua. O resultado foi que lá se multiplicou um imenso sistema de pequenas e médias propriedades que criou e generalizou para milhões de modestos granjeiros uma prosperidade geral. Geral mas medíocre, porque trabalhadas por seus próprios donos, sem nenhuma possibilidade de edificar Casas-grandes & Senzalas grandiosas como as nossas. É notório que aqui foram melhor preservados os interesses da classe dominante que graças à sua previdência, pôde viver e legar com prosperidade e exuberância. Em consequência, os ricos daqui vivem uma vida muito mais rica do que os ricos de lá, comendo melhor, servidos por uma famulagem mais ampla e carinhosa. Como se vê, tudo foi feito com muito mais sabedoria, prevendo-se até a invenção da mucama que nos amamentaria de leite e de ternura.

O alto estilo da classe dominante brasileira só se revela, porém, em toda a sua astúcia, na questão da escravidão. A Revolução Industrial que vinha desabrochando trazia como novidade maior tornar inútil, obsoleto, o trabalho muscular como fonte energética. A civilização já não precisava mais se basear no músculo de asnos e de homens. Agora tinha o carvão, que podia queimar para dar energia, depois viriam a eletricidade e, mais tarde, o petróleo. Isso é o que a Revolução Industrial deu ao mundo. Mas os senhores brasileiros, sabiamente, ponderaram: – Não! Não é possível, com tanto negro à toa aqui e na África, podendo trabalhar para nós e assim ser catequizado e salvo, seria uma maldade trocá-los por carvão e petróleo. Dito e feito, o Brasil conseguiu estender tanto o regime escravocrata, que foi o último país do mundo a abolir a escravidão.

O mais assinalável, porém, como demonstração de agudeza senhorial, é que, ao extingui-la, o fizemos mais sabiamente que qualquer outro país. Primeiro, libertamos os donos da onerosa obrigação de alimentar os filhos dos escravos que seriam livres. Hoje festejamos esse feito com a Lei do Ventre Livre. Depois, libertamos os mesmos donos do encargo inútil de sustentar os negros velhos que sobreviveram ao desgaste no trabalho, comemorando também esse feito como uma conquista libertária. Como se vê, estamos diante de uma classe dirigente armada de uma sabedoria atroz.

Com a própria industrialização, no passado e no presente, conseguimos fazer treta. Nisso parecemos deuses gregos. A treta, no caso, consistiu em subverter sua propensão natural, para não desnaturar a sociedade que a acolhia. A industrialização, que é sabidamente um processo de transformação da sociedade de caráter libertário, entre nós se converteu num mecanismo de recolonização. Primeiro, com as empresas inglesas, depois com as ianques e, finalmente, com as ditas multinacionais. O certo é que o processo de industrialização à brasileira consistiu em transformar a classe dominante nacional de uma representação colonial aqui sediada numa classe dominante gerencial, cuja função agora é recolonizar o país, através das multinacionais. Isso é também uma façanha formidável, que se está levando a cabo enorme elegância e extraordinária eficácia.

$$\wp$$

A eficácia total, entretanto, eficácia diante da qual devemos nos declinar – aquela que é realmente o grande feito que nós, brasileiros, podemos ostentar diante do mundo como único –, é a façanha educacional da nossa classe dominante. Essa é realmente extraordinária! E por isso é que eu não concordo com aqueles que, olhando a educação desde outra perspectiva, falam de fracasso brasileiro no esforço por universalizar o ensino. Eu acho que não houve fracasso algum nessa matéria, mesmo porque o principal requisito de sobrevivência e de hegemonia da classe dominante que temos era precisamente manter o povo chucro. Um povo chucro, neste mundo que generaliza tonta e alegremente a educação, é, sem dúvida, fenomenal. Mantido ignorante, ele não estará capacitado a eleger seus dirigentes com riscos inadmissíveis de populismo demagógico. Perpetua-se, em consequência, a sábia tutela que a elite educada, ilustrada, elegante, bonita, exerce paternalmente sobre as massas ignaras. Tutela cada vez mais necessária porque, com o progresso das comunicações, aumentam dia a dia os riscos do nosso povo se ver atraído ao engodo comunista ou fascista, ou trabalhista, ou sindical, ou outro. Assim se vê o equívoco em que recai quem trata como fracasso do Brasil em educar seu povo, o que de fato foi uma façanha. Pedro II, por exemplo, nosso preclaro imperador, nunca se equivocou a respeito. Nos dias em que a Argentina, o Chile e o Uruguai generalizavam a educação primária dentro do espírito de formar cidadãos para edificar a nação, naquelas eras, nosso sábio Pedro criava duas únicas instituições educacionais: o Instituto de Surdos e Mudos e o Instituto Imperial dos Cegos. Aliás, diga-se de passagem, o segundo deles, mais tarde, por mãos de outro Pedro monárquico – o Calmon –, passou a servir de sede – é um edifício muito bonito – à reitoria da então chamada Universidade do Brasil. Antes tiraram os cegos de lá, naturalmente.

Duas são as vias históricas de popularização do ensino elementar. Primeiro, a luterana, que se dá com a conversão da leitura da Bíblia no supremo ato de fé. Disso resulta um tipo de educação comunitária em que cada população local, municipal, trabalhada pela Reforma, faz da igreja sua escola e ensina ali a rezar, ou seja, a ler. Essa é a educação que se generalizou na Alemanha e, mais tarde, nos Estados Unidos, como educação comunitária.

A outra forma de generalização do ensino primário foi a cívica, napoleônica, promovida pelo Estado, fruto da Revolução Francesa, que se dispôs a alfabetizar os franceses para deles fazer cidadãos. Aqueles franceses todos, divididos em bretões, flamengos, occipitães, etc., aquela quantidade de gente provinciana, falando dialetos atravancados, não agradava a Napoleão. Ele inventou, então, essa coisa formidavelmente simples, que é a escola pública regida por uma professorinha primária, preparada num internato para a tarefa de formar cidadãos. Foi ela, com o giz e o quadro-negro, que desasnou os franceses e, desasnando, os fez cidadãos, ao mesmo tempo em que generalizava a educação.

Como se vê, temos duas formas básicas de promover a educação popular: uma, religiosa, que é comunitária, municipal; outra, cívica, que é estatal e, em consequência, federal. O Brasil, com os dois Pedros imperiais, e todos os presidentes civis e todos os governantes militares e os que os sucederam de então até hoje, apesar de católico, adota a forma comunitária luterana. Ou seja, entrega a educação fundamental exatamente aos menos interessados em educar o povo, ao governo municipal e ao estadual.

Pois bem, prestem atenção e se edifiquem com a sabedoria que os nossos maiores revelam neste passo: ao entregar a educação primária exatamente àqueles que não queriam educar ninguém – porque achavam uma inutilidade ensinar o povo a ler, escrever e contar –, ao entregar exatamente a eles – ao prefeito e ao governador – a tarefa de generalizar a educação primária, a condenavam ao fracasso, tudo isso sem admitir, jamais, que seu imposto era precisamente esse.

O Professor Oracy Nogueira nos conta que a nobre vila de Itapetininga, ilustre cidade de São Paulo, em meados do século passado, fez um pedido veemente a Pedro Dois: queria uma escola de primeiras letras. E a queria com fervor, porque ali – argumentava – havia vários homens bons, paulistas de quatro e até de quarenta costados, e nenhum deles podia servir na Câmara Municipal porque não sabiam assinar o nome. Queria uma escola de alfabetização para fazer vereador, não uma escola para ensinar todo o povo a ler, escrever e contar. Vejam a diferença que há entre a nossa orientação educacional e as outras tradições. Aqui, sabiamente, uma vila quer e pede escola, mas não quer rezar, nem democratizar, o que deseja é formar a sua liderança política, é capacitar a sua classe dominante sem nenhuma ideia de generalizar a educação.

Como não admirar a classe desta nossa velha classe que, no caso da terra, adota uma solução oposta à granjeira norte-americana; e, no caso da educação, adota exatamente a solução comunitária ianque... Varia nos dois casos para não variar. Isto é, para continuar atendendo aos seus dois interesses cruciais: a apropriação latifundiária da terra e a santa ignorância popular.

Mas a amplitude de critérios não para aí, visto que para o ensino superior se fez o contrário. A escola superior, e não a primária, é que foi estruturada no Brasil segundo uma orientação napoleônica. Como os franceses, criamos uma universidade que não era universidade, mas um conglomerado de escolas autárquicas. Napoleão precisou fazer isso, talvez, para liquidar a vetustez da universidade medieval, porque ela estava dominada, contaminada, impregnada da teologia de então. Era preciso romper aquele quadro medieval para progredir. Para isso, a burguesia criou as grandes escolas nacionais, formadoras de profissionais, advogados, médicos, engenheiros, assépticos de qualquer teologismo.

O Brasil não tinha tido uma universidade. Começa pelas grandes escolas. Recorde-se que as dezenas de universidades do mundo hispano-americano foram criadas a partir de 1550, formando durante os séculos da vida colonial mais de 150 mil doutores. No Brasil, quem tinha dinheiro para educar o filho em nível superior mandava-o para Coimbra. Como eram poucos os abastados, em todo o período colonial, apenas conseguimos formar uns 2.800 bacharéis e médicos. Isso significa que, por ocasião da Independência, devia haver, se tanto, uns 2 mil brasileiros com formação superior, aspirando a cargos e mordomias. Havia, por consequência, um vasto lugar para aqueles 15 mil fâmulos reais que caíram sobre o Rio de Janeiro, a Bahia e o Recife, convertendo-se, rapidamente, no setor hegemônico da classe dominante, classe dirigente do país, logo aquinhoada com sesmarias latifundiárias e vasta escravaria.

O Brasil cria as suas primeiras escolas depois do desembarque da Corte. E as cria para formar um famulário local. Mas as organiza segundo o modelo napoleônico, federal e não municipalmente. Elas nascem como criações do governo central, estruturadas em escolas superiores autárquicas que não queriam ser aglutinadas em universidades. Nossa primeira universidade só se cria em 1922. E se cria por decreto, por uma razão muito importante, ainda que extraeducacional: o rei da Bélgica visitava o Brasil, e o Itamaraty devia dar a ele o título de Doutor *Honoris Causa*. Não podendo honrar ao reizinho como o protocolo recomendava, porque não tínhamos uma universidade, criou-se para isso a Universidade do Brasil. Assim, Leopoldo se fez doutor aqui também. Assim foi criada a primeira universidade brasileira. Uma universidade que, desde então, se vem estruturando e desestruturando, como se sabe.

Mas o modelo se multiplicou prodigiosamente como os peixes do Senhor. Hoje contamos com mais de meia centena de universidades e milhares de cursos superiores onde já estuda mais de um milhão de jovens. São tantos, que já há quem diga que nossas universidades enfrentam uma verdadeira crise de crescimento, asseverando mesmo que seu único problema decorre de haver matriculado gente demais. Teriam elas crescido com tanta demasia que, agora, não podendo digerir o que têm na barriga, jiboiam. Eu acho que o conceito de crise de crescimento não expressa bem o fenômeno. Nosso caso é outro. O que ocorre com a universidade no Brasil é mais ou menos o que sucederia com uma vaca se, quando bezerra, ela fosse encerrada numa jaula pequenina. A vaca mesmo está crescendo naturalmente, mas a jaula de ferro aí está, contendo, constringindo. Então o que cresce é um bicho raro, estranho. Esse bicho nunca visto é o produto, é o fruto, é a flor acadêmica dessa classe dominante sábia, preclara, admirável que temos, que nos serve e a quem servimos patrioticamente contritos. Cremos haver demonstrado até aqui que no campo da educação é que melhor se concretiza a sabedoria das nossas classes dominantes e sua extraordinária astúcia na defesa de seus interesses. De fato, uma minoria tão insignificante e tão claramente voltada contra os interesses da maioria só pode sobreviver e prosperar contando com enorme sagacidade, enorme sabedoria, que é preciso compreender e proclamar.

Sua última façanha nesse terreno, sobre a qual, aliás, muito se comenta — às vezes até de forma negativa — foi a mobralização da nossa educação elementar. A nosso ver, o Mobral é uma obra maravilhosa de previdência e sabedoria. Com efeito, é a solução perfeita. Quem se ocupe em pensar um minuto que seja sobre o tema verá que é óbvio que quem acaba com o analfabetismo adulto é a morte. Essa é a solução natural. Não se precisa matar ninguém, não se assustem! Quem mata é a própria vida, que traz em si o germe da morte. Todos sabem que a maior parte dos analfabetos está concentrada nas camadas mais velhas e mais pobres da população. Sabe-se, também, que esse pessoal vive pouco, porque come pouco. Sendo assim, basta esperar alguns anos e se acaba com o analfabetismo. Mas só se acaba com a condição de que não se produzam novos analfabetos. Para tanto, tem-se que dar prioridade total, federal, à não produção de analfabetos. Pegar, caçar (com c cedilha) todos os meninos de sete anos para matricular na escola primária, aos cuidados de professores capazes e devotados, a fim de não mais produzir analfabetos. Porém, se se escolarizasse a criançada toda, e se o sistema continuasse matando os velhinhos analfabetos com que contamos, aí pelo ano 2000 não teríamos mais um só analfabeto. Percebem agora onde está o nó da questão?

Graças ao Mobral estamos salvos! Sem ele a classe dominante estaria talvez perdida. Imagine-se o ano 2000 sem analfabetos no Brasil! Seria um absurdo! Não, graças à previdência de criar para alfabetizar um órgão que não alfabetiza, de não gastar os escassos recursos destinados à educação onde se deveria gastar, de não investir onde se deveria investir – se o propósito fosse generalizar a educação primária – podemos contar com a garantia plena de que manteremos crescente o número absoluto de analfabetos de nosso país.

Também edificante, no caso do Mobral, é ele se haver convertido numa das maiores editoras do mundo. Com efeito, a tiragem de suas edições se conta por centenas de milhões. É espantoso, mas verdadeiro: neste nosso Brasil, se não são os analfabetos os que mais leem, é a eles que se destina a maior parte dos livros, folhetins, livrinhos coloridos que se publicam oficialmente, maravilhosos, em quantidades astronômicas. Pode-se mesmo afirmar que o maior empreendimento eleitoral – eleitoral, não, editorial – do país é o Mobral, como instituição educativa e como coeditora.

Naturalmente que há nisso implicações. Uma delas, a originalidade ou o contraste que faremos no ano 2000. Então, todas as nações organizadas para si mesmas e que vivem como sociedades autônomas estarão levando a quase totalidade da sua juventude às escolas de nível superior. Neste momento, nos Estados Unidos, mais de 70% dos jovens já estão ingressando nos cursos universitários. Cuba mesmo – os cubanos são muito pretensiosos – está prometendo matricular toda a sua juventude nas universidades. Primeiro, eles tentaram generalizar o ensino primário. Conseguiram. Generalizaram, depois, o secundário. Agora, ameaçam universalizar o superior. Parece que já no próximo ano todos os jovens que terminam os seis anos de secundário entrarão para a universidade. É claro que, para isso, a universidade teve de ser totalmente transformada. Desenclaustrada.

Meditem um pouco sobre este tema e imaginem o efeito turístico que terá, num mundo em que todos tenham feito curso superior, um Brasil com milhões de analfabetos. Poderemos até fazer paradas de analfabetos... Pode até ser um negócio muito interessante, não é? Sobretudo se eles continuarem com essas caras tristonhas que têm, com esse ar subnutrido que exibem e que não existirá mais neste mundo. O Brasil poderá então ser de fato o país do turismo, o único lugar do mundo onde se poderá ver coisas assim, de outros tempos, coisas raras, fenomenais, extravagantes. Em consequência, a crise educacional do Brasil da qual tanto se fala, não é uma crise, é um programa. Um programa em curso, cujos frutos, amanhã, falarão por si mesmos.

O ABOMINÁVEL HOMEM NOVO[*]

Tenho em mãos seu questionário ambicioso. Vou respondê-lo como quem pensa em voz alta. Mais a propósito de suas perguntas do que a elas propriamente.

CIVILIZAÇÃO E BARBÁRIE

Você quer saber se suas indagações sobre o destino humano seriam significativas para qualquer homem. Inclusive para um membro hipotético de uma tribo da Amazônia. Não. Provavelmente não. Aquele amazonense tribal está enjaulado em sua cultura e só vê, e só entende o que ela lhe permite ver e entender. Nós também estamos enjaulados em nossas culturas e só percebemos aquilo que elas elaboram previamente para nós como inteligível. Seria necessário um denominador comum para que pudéssemos dialogar com ele. Mas seria indispensável, também, toda uma racionalidade comum. O denominador comum existe. É vastíssimo. Começa com nossa herança físico-biológica de seres vivos, zoológicos, vivíparos (não botamos ovos), mamíferos primatas, onívoros (pastamos e trinchamos), bípedes *erectus* (a dor ciática é nostalgia da posição quadrúpede); quase desprovidos de pelos (exceto vocês europeus, que são bastante peludos), capazes de atividade sexual continuada (...) e não sujeitos a cio. Isso para começar, porque há muita coisa mais.

Além deste substrato físico, temos em comum com aquele indígena hipotético muito mais do que pensamos. Ele é um homem integral, ainda que não terminal. Pensa e fala com uma linguagem tão boa, ou tão má como a nossa. Sente e

---

[*] Carta a um jornalista romano, parcialmente publicada em livro na Itália.

reage na maioria das situações como nós, tendo por base um psiquismo essencialmente idêntico. É capaz de amor e até de amores depravados, de ódios furiosos, da ternura mais dengosa, de ciúmes atrozes, de medos aterradores, de riso alegre, de vil tristeza, de pudor, de orgulho e de mil sentimentos mais em gamas sensibilíssimas.

Mas sua racionalidade não é a nossa. Eles jamais entenderiam nossas motivações de lucro e cobiça ou nossa propensão à violência gratuita. Nossa racionalidade será racional? Ou eles são irracionais? Nada disso. O que ocorre é que nossas mentalidades refletem experiências muito diferentes. E também inexperiências díspares. O certo é que, em sua inocência, eles guardam um frescor intelectual, uma curiosidade viva que nós perdemos há muito nos desvãos da evolução. Isso é o que faz um índio qualquer tão capaz de curiosidade como um intelectual romano. Quer dizer, um homem muito mais curioso do que um camponês italiano ou um operário francês. Esses dois últimos protótipos do humano são produtos de uma sequência milenar de vicissitudes que os conformaram, especializaram e mediocrizaram em relação ao nosso selvagem. Refiro-me à estratificação social e aos seus efeitos sobre a consciência.

Expliquemos: a cultura de nossas sociedades, como o símile conceitual do mundo com base no qual produzimos nossas condições de existência, se divide em múltiplas configurações correspondentes aos grupos de estratificação. Assim é que há uma subcultura camponesa – ou mais de uma –, outras citadinas e nessas uma popular folclórica, outra erudita dos letrados. Você existe dentro dessa última: fala a sua linguagem e vê os problemas a partir da perspectiva que ela lhe dá. O camponês e o operário estão imersos em outros caldos, cujo gosto jamais provaremos nem você nem eu. Entretanto, um e outro sabem de nossa existência e percebem uma certa relação de mutualidade conosco e com toda a classe de letrados. Principalmente com os que dominam o saber médico, a engenharia e outros dos quais eles pouco sabem, mas cujos resultados veem e valorizam. Nosso selvagem, não sabendo nada disso, atua como quem se considera a si mesmo como um homem perfeito, completo e acabado. Capaz de tudo entender.

Vivendo durante anos com índios, com camponeses e com operários, ouvi dos primeiros mais perguntas – e perguntas mais inteligentes – e percebi neles muito mais fantasia e curiosidade manifesta. Repito sempre que em cada aldeia indígena isolada que visitei, fui logo objeto de longos interrogatórios e não raramente de exames e perquirições físicas, por índios que buscavam definir minhas características antropomórficas. Sobretudo as que mais contrastavam com as deles. Tive também que responder a mil perguntas complicadas. Eles queriam saber, aparentemente, se nossos avós, em algum tempo e em algum lugar, tinham se encontrado e que obras tinham feito juntos. Analisando depois suas perguntas, verifiquei que eles queriam saber é se os ancestrais míticos aos quais atribuem a criação dos homens, das florestas, das pedras e das estrelas, eram conhecidos nossos. Indagavam também sobre a origem do ferro, do sal, dos fósforos, tudo querendo saber a respeito. Outra pergunta que fazem quando ganham intimidade é: – Por que vocês se afligem tanto, trabalhando sem descanso, como se as árvores fossem deixar de dar frutos?

Dificilmente um camponês, ou um operário e menos ainda um burguês perguntaria coisas dessas. Eles supõem simplesmente que essas sejam questões óbvias ou sem importância. No máximo aconselhariam: – Pergunte ao doutor. Na verdade não querem esquentar a cabeça. Acham que tudo isso é muito complicado e que não cabe a eles entender tais coisas. Sabem que são homens parciais, com domínios específicos de um saber demasiadamente vasto para que qualquer pessoa o abarque inteiro. E estão conformados.

Tudo isso significa, por um lado, que entre aquele selvagem e nós, a distância não é tão grande. Eles estão naquela posição histórica em que vocês romanos estavam há uns dez mil anos atrás quando aprenderam a plantar roças. Temos de comum todo o passado anterior de formação do substrato cultural humano construído no decorrer de centenas de milhares, talvez um milhão de anos. Esse é o nosso denominador comum. Como se vê, o que temos de diferente são as últimas instâncias de uma longuíssima evolução comum que há uns seis mil anos atrás nos separou, quando algumas sociedades se bipartiram em componentes rurais e urbanos inaugurando a história das lutas de classes.

SERMÃOS AOS ÍNDIOS

Assim é que, apesar de ter dito que as suas perguntas não eram inteligíveis nem significativas para o nosso selvagem, devo retificar. Não é bem assim. Você teria neles, provavelmente, um auditório atento e inteligente se lhes colocasse os problemas com toda clareza.

Imaginemos esse diálogo. Você diria por exemplo:

– Olha, cunhado, eu estou aflito, quero um conselho. Sei que as roças continuarão dando boas colheitas. Sei também que vai continuar havendo caça e peixe para nossos filhos e netos, assim como houve para nossos avós. Mas estou com medo. Minha gente, lá de fora do mato, aumentou muito e está confusa. Aprendemos recentemente que podemos cruzar com todas as raças e estamos nos mestiçando e reproduzindo rapidamente. Mas não sabemos o que sucederá com os homens, sobretudo os mestiços, que se multiplicam tão prodigiosamente. Progredimos muito; para produzir não dependemos mais da força muscular como vocês; temos poderosas fontes de energia, máquinas e instrumentos capazes de fazer tudo. Mas elas aumentam tanto que nos assustam. Aparentemente já são as máquinas que mandam em nós. Não pense que elas tenham vontade própria, que nos agridam ou mordam. Nada disso! São coisas mortas, assim como seu arco e flecha, que não podem sair sozinhos para caçar. Mas são muitas e geram uma prosperidade que, não sendo generalizável, fica concentrada em poucas mãos. O pior é que elas têm seu próprio ritmo e nos obrigam a trabalhar num compasso que, não sendo o nosso, nos cansa muito.

Continue explicando suas angústias e perplexidades. Conte que há alguns poucos milênios, certas sociedades se dividiram em classes e que desde então a guerra se faz mais dentro que fora da tribo. Diga que, simultaneamente, as tribos se fundiram em grandes unidades político-territoriais e que essas também começaram a expandir-se e a lutar. Não em combates regulados como as guerras entre uma tribo e outra, mas em guerras inverossímeis, sem causa inteligível e sem heroísmo. Confesse que nossa técnica guerreira já é tão eficiente que a ela nem as árvores sobrevivem.

Explique ao nosso selvagem – com a necessária cautela – que você se encontra ali, na aldeia dele, conversando, porque aqueles movimentos de expansão vão alcançar logo a sua tribo perdida na selva. Acrescente que, então, ele e sua gente serão fatalmente conscritos ao sistema mundial de produção para produzirem o que não consomem, a fim de trocar pelo que não produzem nem necessitam. Mas hão de necessitar.

Caso você consiga explicar tudo isso, admita que, talvez, não tenha valido a pena tanto esforço civilizatório. Mas diga logo que você não tem culpa nenhuma. Dê a entender que essas coisas decorrem de outras coisas feitas e decididas há muito tempo por forças que ninguém pôde controlar.

Console nosso índio dizendo que tudo isso é inevitável. Diga que talvez o inevitável seja o melhor, uma vez que, inexoravelmente, a civilização os alcançará para civilizá-los. Deixe claro que a concatenação histórica que nos produziu como fruto e semente da principal linha da evolução humana não tinha propósito nenhum. Era tão somente uma das linhas de conduta possível. Tanto êxito teve, que deu precedência às sociedades que se enveredaram por elas, ainda que a contragosto. Explique que não podendo desfazer o passado, o mais fácil é continuar trotando no mesmo rumo. Para quê? Para nada. Confesse que nós viemos nos fazendo e refazendo até alcançar nossas preciosas e avançadíssimas formas presentes, sem plano algum. Sem objetivo algum.

HOMENS ERSATZ

Supondo que isso esteja ficando desinteressante para nosso selvagem, continuemos, nós dois, o diálogo que você propôs. Que dizer de sua preocupação com os homens do futuro e com o futuro dos homens? Todas as nossas perplexidades referidas a homens projetados de futuros incertos, longínquos e apenas verossímeis, têm como nó a percepção, finalmente alcançada, de que a civilização está entrando em um novo ciclo. São reflexos da descoberta de que estamos situados num novo ponto de flexão da história humana. A partir de nós e de agora, os homens armados de poderes totais tanto de destruição de toda a vida, como de produção prodigiosa de tudo que se queira, estão condenados a usar esses poderes para se refazerem a si mesmos segundo um projeto intencional. Acabou-se o tempo da inocência. É já impossível seguir adiante sem um projeto intencional, vivendo ao puro arbítrio da sorte e do azar. Estamos desafiados a formular um projeto intencional de nós mesmos. Essa inquietação é que vibra atrás de suas perguntas. Já não podendo ser o produto residual, azaroso, do entrechoque de forças incontroladas dentro das linhas da tradição, nós teremos que ser, de agora em diante, criaturas de nós mesmos, produtos lucidamente buscados, cientificamente construídos em cada detalhe, desde a forma físico-biológica que será aprimorada, até os graus e tipos de inteligência que serão programados e talvez também até as predisposições espirituais e morais que serão orientadas segundo valores induzidos.

O que mais me inquieta é que esse seu homem *ersatz*, que talvez esteja no nosso futuro, será abominável aos olhos de qualquer homem natural, desses que se veem a si próprios como criaturas de um deus perfeito e até mesmo, quando ambiciosos, como réplicas de Deus. O seu homem novo almoçará e jantará a comida que os serviços centrais de inteligência escolherão para ele. Amará a pátria que inventarem para ele. Terá os sentimentos auridos das cargas postas em suas baterias emocionais. O mesmo sucederá com as mulheres ou os homens que ele amará e com os filhos e pais e tudo o mais. Tudo será completa e detalhadamente prescrito para ser uniforme e perfeito. O velho homem, superando o Criador, criará a nova forma que modelará os homens novos.

Mas esse não é um problema meu. O longínquo e abominável homem-novo, filho de nossos netos, de fato não me importa nem me preocupa. Exceto, talvez, no sentido de que o estamos fabricando agora, com as opções que fazemos cada dia e que o conformam, a seu pesar. Mas não apesar de nós, nem por virtudes ou vontade nossa, porque essas opções, ainda que irrefletidas, nos pertencem. Nós as exercemos. Entre elas a terrível opção de escolher – e como fugir dessa escolha? – entre sermos e permanecermos produtos do azar; ou nos convertermos em frutos de uma racionalidade arquitetônica. O azar nos fez o que fomos e o que somos: seres de culturas e de civilizações canônicas, fundadas na tradição, capazes de criar modelos e estilos com a solidez aparente das coisas naturais. A planificação e a escolha rigorosa de eugenia, a racionalidade da engenharia social, a frieza da biologia genética, produzirão o homem novo, não canônico mas programado, prescrito. E ele nos assusta.

HUMANISMO E CHINESICE

Em várias perguntas você fala do humanismo ocidental. Que é isso, meu amigo romano? Que é isso para mim, mestiço brasileiro?

Para o europeu é um discurso que, partindo, segundo o gosto, das tradições greco-romanas ou do cristianismo primitivo, traça uma linha de hipotética continuidade histórica que ao longo dos milênios iria garantindo a preservação de certos valores espirituais. Mas esse é um discurso verdadeiro? Ou é apenas um autoelogio, uma alegação vaidosa? São os europeus atuais netos dos gregos ou seus netos são os árabes dos quais eles receberam a herança helênica? Os valores judaico--cristãos, uma vez encarnados pelos europeus, representaram, acaso, a realização prática do Sermão da Montanha? Ou serviram principalmente para inspirar movimentos expansionistas e cruzados como todos os que dilaceraram povos, cristianizando, ocidentalizando, europeizando a vastidão do mundo?

Pode ser que alguma outra civilização – a romana das arenas, por exemplo, tenha sido mais hostil ao homem, mais cruel e mais capaz de animalizá-lo ou de coisificá-lo do que a chamada civilização-ocidental-europeia-e-cristã. Mas ela tem grandes títulos para disputar o primeiro lugar. Em seu ciclo agrário-mercantil, trasladou cem milhões de negros da África para outros mundos, como o carvão que se queimou no sistema produtivo internacional durante séculos. Simultaneamente, conscreveu, escravizou e queimou outros cem milhões de indígenas americanos e de outros povos de além-mar, apodrecidos pelas enfermidades levadas pelo homem branco, chacinados em suas guerras de conquistas, ou desgastados no trabalho escravo. Depois, em outro movimento, essa mesma civilização cristã converteu os próprios europeus – cerca de 60 milhões – em gado humano, também exportado para ultramar como mão de obra excedente e barata. O efeito desse fenômeno foi modelar imensos mundos extraeuropeus onde a europeidade se multiplicou prodigiosamente em unidades nacionais muito mais amplas e uniformes que suas matrizes. Os espanhóis, que jamais unificaram linguisticamente a Península Ibérica, plasmaram uma imensa hispanidade americana. Os ingleses, que nunca puderam integrar os povos das ilhas britânicas, construíram um mundo neobritânico, uniformemente inglês, em vastas regiões da Terra. Nossos próprios avós portugueses, tão escassos de gentes, tanto e tão bem se multiplicaram em ventres de índias e de negras que construíram no Brasil a maior das nações neolatinas em tonelagem humana. Apesar de usar ladrilhos raciais tão díspares e de gastar gente num desperdício gigantesco, atuando como fecundadores prodigiosos, os conquistadores europeus criaram vastos mundos uniformes, multiplicando subeuropas nos continentes que colonizaram.

O importante, porém, é lembrar que o europeu viveu esse papel demiúrgico como agente e paciente. Foi protagonista e vítima de um processo civilizatório mais referente ao humano que a ele próprio. Nele e através dele, era o homem que dominava as técnicas da navegação oceânica e das armas de fogo que permitiam edificar a primeira civilização mundial. Depois, num segundo ciclo, reativando seu *élan* com a energia do vapor, do petróleo e da eletricidade, expandiram mais ainda sua dominação imperial. Agora, armados com a energia termonuclear, os plásticos, os raios laser, etc., ameaçariam por si próprios e por suas criaturas ultramarinas – sobretudo as neobritânicas – europeizar a humanidade inteira.

Cada uma dessas conquistas era um acréscimo de poder humano de exercer controle sobre a natureza. Mas era, ao mesmo tempo, uma vicissitude a que se submetia a própria natureza humana, empobrecida e apequenada. A um olhar ingênuo, esses passos evolutivos foram façanhas europeias. A um olhar mais crítico eles comparecem como explorações bem-sucedidas de algumas das limitadas possibilidades de ação sobre a natureza que se abrem aos homens. O importante é que, ao ocorrer na Europa, elas permitiram europeizar o mundo, dando aos europeus a impressão de que eles eram os agentes e não os pacientes da história. Isso lhes permitiu colorir o mundo com suas cores étnicas e linguísticas, induzindo todos a pensar que a civilização era uma façanha do homem branco, europeu, ocidental e cristão. Uma façanha de sua criatividade, brotada nos últimos séculos, depois de milênios de mediocridade.

De repente, porém, descobrimos que a eletricidade e a gasolina não são europeias, nem ocidentais, nem cristãs. Percebemos que durante demasiado tempo viemos confundindo alhos com bugalhos. Os chineses, que hoje em dia incorporam esses elementos à sua cultura tecnificando-a, também se transfiguram, mas já o fazendo a partir de sua própria tradição preservam seu perfil étnico-cultural. É certo que desse modo se aproximam dos povos que percorreram antes o mesmo caminho, na medida que se armam com os mesmos instrumentos produtivos, que experimentam os efeitos socioestruturais da adoção das novas técnicas, que se capacitam a enunciar o mesmo discurso sobre a natureza das coisas, e até mesmo a encarnar as mesmas utopias de autorreconstrução social. Porém, essa difusão tecnológica-produtiva, socioinstitucional, e neoideológica não se processa já como um movimento de expansão da europeidade equivalente aos que conformaram os proletariados externos das nações europeias, hoje reunidos no chamado Terceiro Mundo. Processa-se, agora, no caso dos chineses, algo como um esforço de reconquista do comando do seu próprio destino para promover o desenvolvimento autônomo de suas potencialidades. Deste modo, ainda que os uniformize com respeito a outras sociedades que experimentaram antes as mesmas vicissitudes, se preservam suas características distintivas; evita-se a degradação que acompanhou as expansões coloniais e se põe fim à europeização compulsória. Percebemos agora que ela não decorria do progresso tecnológico e de sua difusão, mas sim da circunstância de que, junto com cada inovação tecnológica e cultural, se impunha formas constritivas de ordenação social e componentes ideológicos espúrios.

Os povos americanos e africanos atingidos anteriormente pelos movimentos expansionistas europeus viram, primeiro, como os servos de Deus que desceram das naus os escravizavam por amor à pecúnia. Depois, como os empresários, desembarcados dos navios como promotores do progresso, destruíram suas antigas formas de subsistência e de prosperidade generalizada, para em lugar dela implantar a prosperidade prodigiosa de uns poucos em meio à pobreza geral.

Além de saqueados, escravizados e espoliados no plano material, fomos corroídos no plano espiritual ao ter introjetada no nosso espírito a ideia de nossa inferioridade intrínseca e inclusive de nossa fealdade inata, em comparação com o homem branco. Assim, aprendemos a rechaçar nossa própria figura como indigna, a repudiar nossos estilos de vida como bárbaros, a depreciar nossas tradições como abjetas, heréticas e até desumanas.

O mais desastroso é que essa doutrina alienadora não se exercia só sobre os letrados, mas sobre toda a população. Encontrei indígenas catequizados, que me contaram histórias bíblicas, como a da Arca de Noé, quando lhes perguntava sobre os mitos de seus antepassados. Um deles estava tão fervorosamente convertido que acreditava ser, ele mesmo, o novo profeta, o novo messias destinado a salvar o homem do pecado e da iniquidade. Conheci outro, tão amargurado por todas essas vicissitudes representadas pela chegada do homem branco, que se deitou um dia na rede, decidido a morrer. E morreu mesmo, por pura falta do desejo de viver a vida que a civilização lhe houvera imposto.

ERAS FUTURAS

Pode ocorrer que seu longínquo e abominável homem novo ou projetado para o próximo milênio também morra da mesma doença que matou aquele índio: de fastio. Mas até lá, haverá seguramente muito que fazer. Tanto, que se poderá dar ainda a algumas gerações um sentido de missão que as dignificará aos seus próprios olhos e as salvará para si mesmas. Depois desse tempo – a Era-da-Grande-Tarefa – é provável que somente as drogas, com suas assombrosas possibilidades químico-espirituais de felicidade *ersatz*, possam consolar os homens futuros do fastio diante da vida que se abrirá à sua frente. Mas isso é outra história. A história de uma Era da qual nada sabemos.

A Era-da-Grande-Tarefa humana é esse tempo-ponte entre o homem residual, histórico-natural de hoje, e o homem--projetado, criatura de si próprio, que mal adivinhamos. A tarefa dessa Era é a de superar as distâncias abismais que separam os homens por suas condições materiais de existência. Para tanto será necessário primeiro refazer as formas de intercâmbio internacional deste nosso mundo em que são os povos pobres que custeiam a prosperidade dos povos ricos. Simultaneamente teremos que aprender a fundar as formas superiores de convivência humana dentro de cada sociedade, na fraternidade e não mais na caridade. Como esse refazimento não pode se processar a frio, nossa tarefa política será a de acender nos povos um *élan* combativo, um sentimento de sua própria dignidade e um orgulho de si mesmos tal como eles são exercidos, hoje, para pasmo de todos os homens, pelos vietnamitas.

Gosto de pensar, hegelianamente, que essa tarefa histórica é nossa – dos subdesenvolvidos – porque cabe a nós o privilégio de combatentes da liberdade, do desenvolvimento uniforme e igualitário para todos os homens. Mas também porque, falando marxianamente, a vitória dos oprimidos será a libertação de todos, inclusive dos opressores.

NOSSOS HOMENS NOVOS

Mas não é bem assim. Uma onda de rebeldia convulsiona em escala mundial todas as sociedades, despertando multidões de insubmissos que protestam e se insurgem, tanto nos países pobres como nos países ricos. É a história mobilizando seu exército de milhões de descontentes com o mundo tal qual é. Ela conscreve os que se preparam e se instrumentam para refazê-lo. Esses são os nossos homens novos, os que, combatendo de mil modos e em toda parte, criam o Mundo Novo. Seus antagonistas são quantos querem congelar a história. Seus companheiros, nossos camaradas, são os insurgentes de todas as classes e cores. A própria luta enquanto se trava dignifica a vida de milhões.

A reedificação do mundo abrirá, por sua vez, enormes possibilidades para todos. Imagine as promessas de alegria existencial que se poderia abrir a quantos jovens nórdicos que se graduassem em medicina, ou no que quer que seja, aprendendo simultaneamente a língua bantu ou o quechua, para construir e viver na África ou nas Américas vidas que valham a pena. Penso na redenção que representaria para milhões de netos de Lênin que engordam e esperam a guerra do fim do mundo, a reativação do afã revolucionário, em vidas de mestre-escola ou de profissionais na Índia ou no Paraguai. Haverá oportunidade melhor de dignificar a vida de tantos milhões de jovens, instruídos, bem nutridos e desenganados que vegetam nos países ricos, sem tarefa e sem missão? Seria talvez a única forma de salvá-los. Entenda bem. Eles não estariam dando nada a ninguém por generosidade. Simplesmente, teriam encontrado um sentido para suas vidas insossas, um destino mais alto inclusive do que qualquer um dos que, no passado, incandesceram os peitos dos homens induzindo-os a se queimarem por amor a um ideal.

Para além dessa Era-da-Grande-Tarefa eu só vislumbro o tempo obscuro do homem novo de que você me fala. Na verdade, um homem sem causa e sem virtudes. Ou mais precisamente, sem nossas causas e sem nossas virtudes. Com efeito, o que será da caridade no reino da abundância? Ou da humildade, no tempo da igualdade? Que será da continência e da temperança para homens construídos racionalmente com os instintos dominados e os desejos apenas espicaçados para serem logo atendidos por uma arte sofisticada? Que será da resignação e da modéstia e da cordura quando a pobreza tiver se tornado obsoleta? Quando a ostentação for supérflua e a opressão impraticável? Que será da fidelidade, da lealdade e da coragem quando os valores forem intencionalmente induzidos e seu cumprimento uma simples questão de eficácia dos indutores?

Quais serão as causas dos filhos dos nossos netos?

ERAS E VACAS

Penso às vezes que a história pode ser dividida em dois tipos de eras: as Eras-das-vacas-magras e as Eras-das-vacas-gordas. A Roma Imperial foi um tempo de vacas magras que aos milhões se queimavam heroicamente pelos césares. A Idade Média foi principalmente um tempo de vacas gordas em que gerações de homens pastaram e baliram tranquilos sem serem chamados a qualquer façanha heroica.

Nosso tempo ameaça ser, para os povos que se adiantaram tecnologicamente, uma Era-de-vacas-gordas, pastoreadas por patrícios e pastores que tudo lhes darão no material e até lhes ditarão os desejos mais íntimos. Serão, talvez, vacas felizes, desobrigadas de trabalhar duramente e liberadas das disciplinas impostas pelo cansaço. Mas não saberão o que fazer, nem por que lutar. Serão frouxas, porque desarmadas de qualquer espírito criativo, generosidade ou rebeldia, pois estarão deserdadas até mesmo da ousadia de projetar e lutar por utopias. Perderiam por fim, inclusive, os gostos mais simples, como o de exercitar o corpo e a inteligência. A essas vacas obesas e ébrias, só restará deitar-se para morrer de fastio e desengano.

Isso é o que poderá suceder na falta de um projeto de condução racional da história, capaz de incandescer as gerações presentes, convertendo-as em edificadoras do mundo novo. A meu juízo, a única garantia de que isso não venha a suceder é a existência multitudinária dos povos-vacas-magras que, com sua luta, darão gosto, tom e sentido à vida. Luta a que estamos condenados pela necessidade de nos libertar dos que nos impedem, hoje, de comandar nosso próprio destino a fim de prosperar para nós mesmos. Luta que encarnará em nós a missão humana de repensar o mundo como projeto e de refazê-lo como utopia pela qual valha a pena queimar a vida.

SOMOS OS QUE SERÃO

Sua última pergunta, meu caro romano, parece um lamento. "Estou tentando, nesse questionário, alcançar alguma luz sobre a possibilidade que acaso exista do homem se salvar. Porém sou um europeu. Esse interrogatório e sua urgência, talvez, [...] etc."

Eu não sou um europeu, felizmente. Sou esta estranha coisa perplexa que o europeu desgarrado da Europa gerou, mesclando-se com indígenas e negros, e que ainda está em busca de sua própria identidade e de seu destino. Por séculos e séculos não tivemos cultura própria nem humanidade. Éramos sociedades-feitorias nas quais se gastavam homens para produzir açúcar ou ouro ou café. Contra os desígnios do colonizador, inesperadamente, o sistema destinado a produzir mercadorias e, através delas, riquezas e lucros exportáveis, acabou produzindo uma humanidade de gente mestiça que nascia nas fazendas e minas, mas que um dia começou a organizar-se em nações que procuravam definir suas próprias culturas. Não eram culturas autenticamente suas. Constituíam meros transplantes espúrios da cultura do colonizador destinadas mais a explicar, a justificar e a eternizar a colonização e a dependência do que a permitir qualquer afirmação espiritual autônoma. Também não eram nações independentes. Eram meras dependências neocoloniais subdesenvolvidas, que por mais que progredissem, apenas progrediam no seu próprio subdesenvolvimento e dependência.

Onde e quando a prosperidade foi suficiente, eles edificaram templos e palácios, conformados nos únicos estilos que podiam ter – os herdados da Europa. Mais tarde, compuseram literaturas, também elas calcadas em modelos europeus. Mais tarde ainda, elaboraram ensaios, redigidos na base do saber importado como a melhor ciência europeia. Com eles aprendemos que nós, com nossas raças inferiores, com nossos climas insalubres, com nossa preguiça inata somos inaptos para o progresso.

Foi muito difícil enfrentar, além da opressão imperialista externa, além da compreensão conivente das nossas classes dominantes, compostas de testas de ferro de interesses estrangeiros, essa conspiração, urdida dentro do nosso próprio espírito, para nos manter enredados na dominação. Só nos últimos anos começamos a perceber que nosso atraso não é natural nem necessário, mas induzido. Que somos o produto que poderia dar o projeto de prosperidade de uma estritíssima classe dominante subordinada, dentro de um sistema mundial de dominação colonial.

Essa descoberta nos dá uma grande alegria. Nossos povos morenos, nossos países ensolarados se revelam de repente, para nós, como a gente melhor e como a província mais privilegiada da Terra, para aqui reedificar o humano.

O panorama ainda é feio. Forças internas e externas mancomunadas perseguem, violentam, torturam, censuram e trucidam aos melhores e aos mais lúcidos de nós. Mas continuamos combatendo e na luta encontramos a substância e a identidade que buscávamos. Somos hoje os povos que se armam com projetos de si mesmos, como povos que querem existir para si próprios. Somos os que faremos as revoluções postergadas. Somos os que cremos e atuamos. Somos os que não temos passado. Temos futuro.

O homem projetado de que você fala e que parece assustá-lo tanto, por ser um homem terminal, acabado e perdido, não existe para nós. Talvez ele seja visível a partir de uma perspectiva romana. Mas esse é um problema do neto do filho que nunca tive. Meu problema é nossa luta, boa e generosa daqui e de agora, para criar a vida que pode ser e que vale a pena.

Venutopias 2003[*]

A única forma de se saber com segurança como será nosso mundo dentro de trinta anos é sobreviver para ver. Eu, felizmente, não terei que fazê-lo. Morrerei em 1983.

2003 será o precário ponto de convergência de nossos múltiplos futuros possíveis que ali se cristalizarão em um destino. Com efeito, aquele futuro, visto desde agora, é o leque de possibilidades que se irá estreitando, ano após ano segundo as opções que façamos, até reduzir-se ao que será.

Nesse sentido, melhor exercício intelectual que o de imaginar futuros prováveis, é especular sobre a maneira pela qual, mediante a tomada de opções estratégicas, podemos comprometer nosso futuro para que se realize dentro das pautas de nossos desejos. Essas serão necessariamente genéricas e lamentavelmente inseguras. Na verdade, cada opção exercida se dissolve em outras menores, embora igualmente capazes de marcar o futuro com seu carimbo; e estas últimas são imprevisíveis e incontroláveis. Por outro lado, sempre podem sobrevir fatalidades que condicionem o futuro mais que todas as nossas presunçosas opções voluntaristas. Tais seriam: cataclismos, como a dissolução da calota polar. Catástrofes históricas, como o desencadeamento de uma guerra nuclear. Surpresas, como o descobrimento de que afinal Deus existe mesmo e que o sobrenatural é natural. Aberrações, como uma quebra repentina da corda ética que sempre vibrou nos homens. Ou calamidades, como a concretização de qualquer das múltiplas ameaças de dominação do mundo por uma ciência

---

[*] Artigo escrito em 1973 para o jornal venezuelano *El Nacional*, que, no seu 30º aniversário, encomendou a intelectuais do mundo inteiro seus prognósticos e reflexões sobre os próximos trinta anos. Foi transcrito depois em *Postdata*, de Lima, *Ciência Nueva*, de Buenos Aires, e *Opinião*, do Rio de Janeiro.

cada vez mais informada, cada vez menos sábia e cada vez mais desvairada.

Ainda assim, talvez valha a pena especular sobre o futuro. Melhor ainda, sobre o futuro de uma sociedade concreta, como a Venezuela. Não tanto pelo valor de verossimilhança de nossas antecipações, como por seu interesse como demonstração da factibilidade do futuro que queremos.

Antes de mais nada, porém, quero alinhar e comentar algumas ameaças, ainda mais iminentes do que aquelas fatalidades. Vejo pelo menos cinco delas que são tanto mais penosas porque proviriam de nosso malogro em adotar soluções que se conhecem para velhos problemas bem diagnosticados. Esse será o caso de prevalecer o sistema internacional que espolia os povos pobres e os condena a subsidiar, com sua miséria, a prosperidade dos povos ricos. Os requisitos de repressão necessários para manter esse sistema ameaçam impor a todos os povos regimes de uma rigidez e de uma eficácia despótica sem paralelo na história da iniquidade.

Não menos grave seria um fracasso provocado pela própria eficiência dos processos atuais de exploração dos recursos naturais do mundo. Elevando, por pouco que seja, o desperdício vigente nas sociedades mais avançadas ou generalizando tão somente seus padrões de consumo a outros povos que aspiram a entrar no clube dos ricos, veríamos rapidamente esgotados um sem-número de recursos naturais escassos, a tal ponto que a sobrevivência da civilização estaria ameaçada.

Outra ameaça, resultante desse esbanjamento, seria a representada pelo aumento da poluição das águas, da terra e do ar em escala planetária, que, desequilibrando o precaríssimo esquema da vida sobre o qual existimos, destruiria o nicho do homem no universo.

Impedir e fazer frente a essas maldições capitais é um requisito indispensável para o êxito de qualquer projeto utópico de liberação humana. Isso significa que devemos nos propor, ao mesmo tempo, a tarefa de erradicar as bases da desigualdade e da injustiça – liquidando as estruturas mercantis para desmonopolizar o poder, a riqueza e o saber – e as missões de enfrentar a recrudescência de despotismos inovados, de evitar que se quebrem as bases da existência e, sobretudo, a de precaver-nos para que não se deteriore o gosto de viver.

Trata-se, nada menos, de romper as velhas formas da vida para criar novas, cuidando que estas não surjam contaminadas. Trata-se, como foi dito, de impedir que o passado se reproduza no futuro.

Fazer frente a essas tarefas sem um plano utópico prévio seria dar um salto no desconhecido, aceitar uma aliança com o arbítrio. Nossa tarefa prioritária é, por isso, inquestionavelmente, a de reviver o espírito dos utopistas com ousadia e coragem, enriquecendo-o com a ciência e a teoria revolucionária. Para isso, será necessário desenvolver uma ciência geral do fenômeno humano e da revolução necessária que, além de ser mais operativa e eficaz que as "engenharias físicas", seja uma verdadeira sabedoria da vida, apta para formular e dar sentido a um novo projeto de existência humana e capacitada, assim, a fazer vibrar o coração de cada homem.

O PROJETO HUMANO

Apesar de sermos o produto residual de muitas fatalidades e de poucas opções desejadas, gostamos de pensar que estamos mais armados que as gerações passadas, tanto para enfrentar o azar como para nos propor futuros desejáveis. Talvez seja assim. Se o for, isso representa, a um tempo, a maior esperança e a maior ameaça da história humana. Regendo-se ao longo de milênios mais pela casualidade que pela causalidade, a história produziu – ou está por produzir – uma geração que assumirá, por fim, o poder de plasmar-se a si mesma como um projeto.

Essa insólita liberdade é nada menos que tenebrosa. Bem ou mal, as gerações passadas cumpriram o papel de peneirar o arbítrio para deixar sobreviver formas humanas viáveis. Formas que em todas as suas variáveis geraram homens individualmente mais dispostos a viver que a morrer, a gostar que a desgostar. Multidões que nas eras decadentes vegetavam na indolência e nas eras heroicas se imolavam sob o mando de profetas ou de tiranos. Mesmo assim foram construindo, simultaneamente, uma sabedoria das coisas cada vez menos compreensiva e um saber técnico de controle da natureza cada vez mais eficaz, para produzir bens, para sustentar populações crescentes e para incorporar um maior número de povos aos mesmos conjuntos sociais.

Partindo de uma mutualidade tribal chegamos, por esse caminho, à situação presente de uma humanidade tão interatuante como o foram as tribos. Vivemos, na verdade, dentro da supertribo ecumênica e em constante crescimento, um destino comum ditado pela mesma tecnologia, regido pelas mesmas formas básicas de ordenação social e inspirado pelos mesmos corpos de saber ou de crenças que se vão homogeneizando planetariamente.

As faces singulares do humano, tão variadas ontem, vão esmaecendo. Amanhã serão ainda mais uniformes. Mas as tensões dentro da supertribo aumentam como maré montante. São cada vez menos imperativos os velhos procedimentos que produziam homens capazes de amar à tribo, à mulher amada e aos filhos; de crer na fé ancestral e até morrer por ela. E, sobretudo, capazes de encontrar energias em si mesmos para retomar com *élan*, cada manhã, o duro trabalho rotineiro. Ao que parece, estão sendo desmontadas, dentro da máquina humana, molas e engrenagens delicadíssimas a respeito dos quais sabemos muito pouco. É cada vez maior o número de personalidades carentes do mínimo de estruturação indispensável para atuar com eficiência e gozo. Talvez seja isso o que mais nos contrasta com nossos ancestrais.

Perdida a velha eficácia das práticas tradicionais para produzir personalidades equilibradas, urge buscar novos procedimentos. Estes serão fatalmente intencionais, construídos... artificiais. Isso significa que serão piores? Não sei. Quem ousaria afirmar que velhos inventos humanos como a proibição do incesto, as regras de parentesco ou os ideais de virtude eram intrinsecamente bons? Ou que os complexos de Édipo e de Electra sejam formadores ideais da personalidade? Tendemos a pensar que essas foram conquistas irrisórias comparadas com a medicina, a eletricidade ou a bomba. Não devemos esquecer, entretanto, que aqueles modeladores fundamentais do humano são as ferramentas mais velhas e gastas que usamos. Talvez seja tempo de substituí-las.

De fato, a nova *ars-medica* substituiu exorcismos visivelmente menos eficientes em face da dor e da morte. A eletricidade substituiu músculos animais e humanos como fonte energética. A bomba faz as vezes de punhos, flechas e arcabuzes. E todas essas substituições foram feitas com evidente vantagem. Contudo, urge perguntar: o que é que substituirá os procedimentos tradicionais que conformavam no menino o futuro homem e na menina a mulher? Com que substituiremos o "temor a Deus" e outros temores infundidos na criança para torná-la, mais tarde, submissa à ordem e obediente à autoridade? Como plasmar nas pessoas o sentido de respeito recíproco em que se fundamenta a sociabilidade e a solidariedade? Que instituição dará ao homem o leite do afeto bebido na família que o armava contra tantos medos e o defendia tão bem contra o sentimento de desamparo? Quem proporcionará a fantasia e o sentimento de ternura indispensáveis ao equilíbrio emocional a pessoas formadas em famílias miniaturizadas onde não há lugar para que os velhos se exerçam como avós porque sua função passou a ser agora a de sogros?

Como restituir à humanidade, por fim liberta de velhas repressões e freudianamente reconciliada com sua condição zoológica, a capacidade de amar liricamente?...

PROGRAMANDO NOSSOS NETOS

Nós nos comportamos como se esperássemos que os substitutos de todos aqueles moldes perdidos ressurjam, espontaneamente, para modelar homens cordatos. Não é assim. Algo tem que ser inventado para ser colocado em seu lugar. Os homens do futuro, como os do passado, necessitarão de motivações e peias que possibilitem o convívio cordial e solidário e o ajustamento recíproco de expectativas de conduta que antigamente surgiam, ao que parece, de forma natural e espontânea na quase totalidade das pessoas. Em outras palavras, estamos desafiados a produzir equivalentes socioculturais e até morais de nossos inventos práticos e mecânicos. Ou mais enfaticamente: estamos condenados a aceitar a necessidade de experimentar com o humano, assumindo os riscos que isso encerra.

Ontem, tratava-se tão somente de fazer experiências ao nível da natureza circundante para descobrir nela princípios e potências que, com astúcia, podiam ser colocados a serviço do homem. Hoje, se trata de refazer o humano, de desmontar e remontar o próprio homem, ator de tantas façanhas, para recarregar suas baterias emocionais gastas a fim de reviabilizar sua capacidade de atuação como agente da história. Mas cuidado! Os erros do passado, na tentativa de renovar a vida, apenas sacrificaram uma ou umas poucas tribos, demasiado simples ou demasiado ousadas. As restantes sobreviveram e se expandiram. Hoje, um erro conduzirá ao risco de levar ao desastre toda a supertribo, por fim unificada.

Esse risco já é real e pode sobrevir a cada momento. Seja ativamente, através da adoção generalizada de alguma das muitas formas praticáveis de domar as vontades e de conformar as personalidades que estão ao alcance dos governos. Seja passivamente, por abandonar, ao puro acaso, o desenvolvimento das tendências presentes de deterioração das antigas bases morais da vida social. Seja, ainda, desesperadamente, por um erro irreparável no exercício da vontade de refazer intencionalmente o humano. Quer dizer, estamos perdidos: se paramos, o bicho come; se corremos, o bicho pega. A única saída é enfrentá-lo.

Não há razões, contudo, para supor que a humanidade deva fatalmente cair em um erro funesto. Bem pode suceder que se alcance êxito sobre o espírito, como antes se alcançou sobre a matéria. As formas racionalmente buscadas que se revelaram superiores às soluções tradicionais para combater a enfermidade e o trabalho exaustivo também podem sê-lo para refazer o homem. Trata-se, agora, de reconstruir-se como um projeto, a fim de, humanizando-se intencionalmente, criar no homem novo o homem humano.

Em essência, tudo isso significa que estamos desafiados a reinventar o humano e temos que ousá-lo. Pode-se argumentar que nada há de novo nisso, já que muitas vezes os homens ou alguns homens assumiram a responsabilidade de refazer a vida. Mas tratava-se sempre de refazer a vida alheia. Isso é o que todos os conquistadores sempre impuseram aos povos que subjugaram. Mas então se partia de uma regra de ouro que perdemos: a segurança de que nossa verdade era a verdade; nossa beleza, a beleza; nossa justiça, a justiça e de que fora delas não havia salvação.

Trata-se, agora, de uma experiência totalmente nova: a de refazer a vida a partir de nossas perplexidades e dúvidas e refazê-la para nós mesmos, sabendo que *nós* significa, hoje, toda a humanidade.

O que tento dizer em todo esse longo discurso é tão somente que os netos de nossos netos serão programados. Em outras palavras, serão construídos com as ambições, as emoções e os ascos que alguém escolherá para eles. Assim será, tememos, o homem novo. Um abominável homem novo se medido com nossos parâmetros. Mas talvez um homem mais livre e criativo que o de qualquer outro tempo. E quem sabe se também prodigiosamente forte e eficaz no que constitui hoje nossa debilidade e inépcia. Isso porque, pela primeira vez, o homem não será o produto necessário de seu passado, a reprodução do seu ser, mas sim o resultado de seu projeto de si mesmo.

VENUTOPIA UM: MAIS PARA MAIS

Peço desculpas ao leitor. Bem sei que fui convidado a falar do ano 2003 da Venezuela e da América Latina e devo enfrentar o meu tema. Eu também acho que meus comentários introdutórios foram desproporcionais. Mas, e o humano? Acaso não estamos também nós, latino-americanos e venezuelanos, imersos na supertribo, vivendo seu destino? Já é tempo, contudo, de olhar em torno de nós e especular como poderá ser nosso contexto quando for pai o neto que ainda não temos.

Nossa tarefa é definir as opções capitais que ajudarão a Venezuela na construção do futuro desejável. Antes disso, porém, devemos esclarecer o que chamamos de desejável e para quem o será. É óbvio que se o senhor diretor de *El Nacional* projetasse para o futuro suas aspirações íntimas, ele só pediria coisas inconfessáveis e, provavelmente, irrelevantes. Não será sua visão, portanto, a que nos servirá de guia. Será talvez a do trabalhador gráfico nº 203 das oficinas de *El Nacional*? Tampouco, provavelmente. Esse trabalhador come bem todos os dias, vive em uma casa habitável, com banheiro e televisão. Vai ao trabalho em um carro usado, é certo, mas capaz de andar. O que projetaria ele, como aspiração, senão ter mais do que já tem? Entre o senhor diretor e o senhor trabalhador existe bastante gente, talvez a quinta parte da população venezuelana. Mas ela não deixa de ser, em todo o caso, uma minoria descartável. Além dela, existem oito milhões de venezuelanos. A estes, os mais, é que cumpre perguntar a que aspiram. É muito provável, lamentavelmente, que eles se contentem com que seu múltiplo do ano 2003 tenha o que os menos têm agora. Especulemos sobre isso.

Os venezuelanos serão então 28 milhões – milhão mais, milhão menos. Para que eles tenham e distribuam entre si bens correspondentes aos consumidos hoje pelos 20% mais ricos da população, serão necessárias verdadeiras façanhas. Entre elas que o PIB salte pelo menos de 8 a 50 bilhões de dólares afim de dobrar o PIB *per capita*. Assim sendo, seria indispensável que o petróleo continuasse jorrando exponencialmente e que a ele se somassem novas e prodigiosas fontes de riqueza.

Mas cabe a pergunta: para que tamanho esforço se dele resultaria tão somente generalizar formas de produção e consumo como as que hoje sofrem os venezuelanos e que os alienam?

O cenário ainda está incompleto. Uma visão mais expressiva desse futuro projetivo nos pode ser dada, talvez, pela previsão de que 25 milhões de venezuelanos viverão nas cidades em 2003; sete milhões dos quais concentrados certamente na Caracas superpovoada, que se estenderia do Porto de La Guaira até Valencia. Imaginem os leitores se a cada manhã se servisse um *desjejum* à moda antiga em um milhão e meio de casas para três milhões de homens e mulheres que sairiam para o trabalho em seus respectivos carros? É possível imaginar a montanha de *allacas*[1] e a torrente de café? Ouvem o barulho dos carros? Sentem a fumaceira? Onde, no tempo, se terá escondido o céu alto e limpo de Caracas com suas pombas sacrificadas ao progresso?

VENUTOPIA DOIS: MAIS PARA MENOS

É muito provável que os venezuelanos privilegiados de agora e seus sócios norte-americanos aspirem – para manter os céus limpos e salvar as pombas – o congelamento da população venezuelana nos seus dez milhões atuais. Ou, melhor ainda, que se os reduza à metade, mediante o "planejamento familiar", ou a esterilização maciça. Dentro dessas últimas dimensões seria praticável oferecer, amanhã, a cinco ou dez milhões de venezuelanos (porque muito poucos) o que têm e consomem agora pouquíssimos. E com a vantagem adicional de perpetuar o sistema, expandindo relativamente as alegrias de viver que ele proporciona.

Esse parece ser um projeto desejável. Ponderamos, contudo, que não será fácil aprisionar o porvir dentro de tal estreiteza. Com efeito, a Venezuela é hoje a vitrina latino-americana do capitalismo dependente. Como tal, exibe o que pode dar uma prosperidade petrolífera, prodigiosa, embora não generalizável, a toda a população. Para que aquela Venezuela minimizada do ano 2003 seja ditosa, será necessário cumprir

---

[1] *Allaca* é um pãozinho feito de milho branco, espécie de comida nacional da Venezuela.

vários requisitos. Primeiro, que a Venezuela não se portorriquenhize alegremente como o segundo estado associado dos Estados Unidos, porque toda dependência é incompatível com uma prosperidade generalizável. Segundo, que algum regime reformista adote uma política de participação que possibilite a redistribuição da riqueza.

Suponhamos que se superem todos esses obstáculos. Ainda assim, é de se temer que tanto o congelamento como a redução da população tenham alguns efeitos deploráveis. Por exemplo, em lugar da metade atual de venezuelanos juvenis – constituída de menores de dezoito anos, recuperáveis para si mesmos e para o país – teríamos um predomínio de venezuelanos senis – irrecuperáveis para quem quer que seja. Assim, se perderia algo de alegria turbulenta, do trato informal, do esquerdismo alvoroçado que hoje anima o quadro social venezuelano, embora isso amargure muita gente. Em lugar disso, se instalaria a etiqueta taciturna e a tristeza vil que correspondem à senilidade.

Outro efeito – este talvez meritório – seria o de socializar ou distribuir os amplos espaços vazios que a Venezuela ocupa na Terra. Efetivamente, numa América Latina com 600 milhões de habitantes, dentro de um mundo de sete bilhões predominantemente de "gente de cor", essa disponibilidade generosa de espaços desabitados e incontaminados seria bem acolhida.

VENUTOPIA TRÊS: MAS[2]

Especulamos até agora com a hipótese da generalização para os venezuelanos do ano 2003 – sejam eles 5 ou 28 milhões – do que tem e goza hoje a quinta parte da população que vive melhor. Na verdade, os cenários resultantes não são de entusiasmar. Tentemos outro, mais estimulante e fecundo.

---

[2] Sigla do Movimiento al Socialismo, partido socialista venezuelano.

Observemos, para começar, que não é nada provável nem desejável que o futuro seja, em qualquer sentido, uma projeção ampliada do presente. Contudo, é provável que certas potencialidades de mudança – pouco perceptíveis agora – se desenvolvam amanhã, gerando situações novas. Algumas delas me agradam, outras não. Entre as que mais me agradam há uma que pode servir de base a fantasias futuristas. Refiro-me à possibilidade de satisfazer carências humanas menos imediatas e essenciais que a alimentação, a moradia, a saúde e a educação. É bem possível que a satisfação de algumas delas possa e deva ser procurada simultaneamente com a luta para atender àquelas carências elementares. Esse seria o caso do profundo desejo humano de uma existência pastoril. Da vontade de beleza que sempre animou os homens e cuja satisfação quase se perdeu para as maiorias. Do afã de reapropriação do saber monopolizado pelos eruditos, por parte do homem comum, enclausurado em seu pobre universo de compreensões vulgares. E da ânsia de felicidade de que falam velhos poetas e todos os ingênuos.

A quimera pastoril era obviamente impossível para o homem posto frente à natureza como camponês ou para quem quer que se perca num matagal, picado por mosquitos. Não o seria amanhã se esse fora o projeto dos venezuelanos. Vejo-os dispersos na imensidade de uma floresta tropical intocada em sua infinita beleza. Vivem nus junto a riachos e lagoas de onde máquinas domesticadas os levam ao trabalho e os trazem ao convívio aprazível.

Para criar nossa utopia estética temos de nos inspirar nos índios. Só eles sabem dar satisfação à vontade de beleza que pulsa em todos os homens. Ela é que alenta o índio Makiritare[3] para colocar em cada tarefa que se propõe – trançar uma

---

[3] Os índios Makiritare, semiaculturados, vivem no interior da Venezuela.

canastra, modelar um vaso, fazer uma flecha – muito mais esforço que o necessário para obter fins utilitários. O propósito desse esforço adicional é satisfazer no homem esta avidez de perfeição que o dignifica e gratifica. No rigor simétrico do cesto trançado destinado tão só a guardar coisas; no virtuosismo empregado numa panela de cozinhar; na perfeição da flecha feita para caçar, o Makiritare se exprime caligraficamente como criador de beleza. Que fizemos nós do operário que, frente a uma linotipo, compõe com matrizes que outra pessoa desenhou textos que outro escreveu? Ou da tecelã que tece num tear automático um pano programado em seus mínimos detalhes em um cartão da IBM? Ou, se se desejar, do artista condenado a criar obras singulares e únicas dentro dos cânones do estilo em moda apenas para servir a apreciadores-compradores que só desejam apropriar-se de sua obra para nela exibir riqueza e importância? O gráfico, a tecelã e mesmo o artista foram todos espoliados daquela vontade de beleza que, podendo exprimir-se no trabalho diário e nas coisas mais simples, era acessível a todos os homens e a todos dignificava.

Suponho que também essa tendência à mecanização de toda a produção, à estandartização de toda a criação, à especialização alienante em tarefas parciais, pode e deve ser vencida. Vejo nas casas dos venezuelanos do ano 2003, panelas e cestos, panos e textos que são produto de suas mãos ou que levam marcas tão peremptórias de quem as fez que ali estão para evocar o seu espírito. É de crer que a própria automatização mecânica, em seu limite *extremo*, *provendo o homem* do essencial, haverá de libertá-lo para o exercício de si mesmo.

A monopolização do saber como instrumento de domínio e precedência social é talvez uma das alienações mais graves de quantas emanaram da estratificação da sociedade em classes. A divisão dos homens em senhores e servos, em camponeses e cidadãos, em qualquer de suas variantes, veio acompanhada da divisão do saber em dois estratos. O saber vulgar que instrui o homem comum para desempenhos correntes e o saber erudito dos letrados, dos profissionais liberais e dos tecnocratas. O humano resultante dessa divisão se dividiu também em sua consciência. Aquele índio Makiritare de quem falava está certo do valor de seu saber mítico e seguro de sua capacidade de compreensão, além de estar armado da mais viva curiosidade. Na primeira oportunidade perguntará sobre o "dono" do sal ou sobre o "pai" dos fósforos. Nenhum camponês e nenhum operário ousará perguntar a respeito disso porque se resignam a saber que "não sabem". Sua inteligência está atrofiada, sua curiosidade amordaçada, sua imaginação adormecida. Poucas dúvidas existem de que essa alienação da consciência também pode e deve ser superada. Para tanto, será indispensável, contudo, que se complete e se supere o processo de estratificação social que teve início há uns poucos milhares de anos, criando-se sociedades sem classes nas quais se suplante o antagonismo senhor-servidor, a oposição rural-urbano e o contraste operário-intelectual. Uma vez atingidas essas superações, se extinguirá o monopólio do poder e, com ele, o privilégio do saber e a degradação da inteligência.

Que dizer da ânsia de felicidade? Ela pressupõe coisas tão sutis e delicadas que melhor seria, talvez, não incluí-la por agora em nosso projeto utópico. Além disso, que felicidade adicional querem os venezuelanos do terceiro milênio se eu já lhes dei a existência pastoril pela qual sempre suspiramos e junto a ela lhes devolvi a vontade de beleza, bem como o acesso à sabedoria? Perdoem-me os que pensam que proponho tão só *remakiritarizar* a Venezuela. Minha imaginação formada nestes duros anos não tem potência para mais. E meu coração esgotado não deseja mais. Viva o MAS.

A BRASA ARDENTE*

Nas últimas semanas nossa atenção foi sacudida uma vez mais por novos casos de sequestros de diplomatas, com o objetivo de libertar presos políticos. Dessa vez foi um alemão, um suíço e um inglês, sequestrados respectivamente por organizações insurgentes da Espanha, do Brasil e do Uruguai. Milhões de pessoas do mundo inteiro viram-se requeridas a exercer um juízo moral sobre as notícias dos jornais.

São atos delituosos ainda que penosos? A questão e o desafio que significa respondê-la se colocam para cada um de nós. Como enfrentá-los? Buscaremos uma resposta examinando a situação em que esses sequestros ocorrem. Os móbiles dos que os empreendem e também os conteúdos éticos e políticos. Para isso, tentaremos nos colocar na pele de cada protagonista a fim de ver com seus olhos e meditar com suas razões o problema do sequestro em suas múltiplas dimensões. Este não é um exercício fútil de ética teórica. Ele se impõe, imperativamente, porque é de temer que as ações de sequestro e outras formas desesperadas de luta se multipliquem nos próximos anos envolvendo parcelas minúsculas da juventude. Mas, o que é mais grave, o que mais me dói: envolvendo – o que eu suspeito que represente – o melhor da juventude, a que tenta acertar, aceitando o risco de erro que envolve cada ação concreta.

O contexto em que esses sequestros ocorreram foi em um dos casos o da polarização do povo basco em sua luta secular pela independência. Se indagarmos os antecedentes dessa luta, para situar melhor o episódio, teremos diante de nós um velho povo ibérico, resistindo duramente durante dois mil

---

* Escrito no Chile em 1972, este artigo nunca encontrou editor.

anos ao avassalamento e à assimilação. Primeiro, frente aos romanos que latinizaram toda a Península, depois, frente aos árabes que a dominaram por sete séculos, mais tarde e até nossos dias, frente à imposição da hegemonia castelhana e galega. Estes são os bascos, um povo que conseguiu sobreviver mantendo sua cara, sua língua e sua feição étnica – apesar de que todas as condições lhes fossem adversas – como uma face peculiar do homem, sobrevivendo até chegar nossos dias com a sua língua, suas tradições, o sentimento de suas singularidades e, sobretudo, com sua desesperada deliberação de serem e de permanecerem eles mesmos entre os povos do mundo.

Esse povo reaviva novamente suas energias étnicas, despertadas, não se sabe por que forças. Seguramente por forças morais idênticas às que inflamam também ao povo vietnamita, fazendo-os capazes de se erguerem contra uma dominação aparentemente inelutável. Os vietnamitas, que hoje combatem, são os mesmos que ontem, nos fins do século passado, foram conquistados, quase sem resistência, por um precário exército colonial francês. Hoje, sem dúvida, encontram em si mesmos energias insuspeitáveis para enfrentar e vencer o exército mais poderoso do mundo.

O mesmo tipo de energia moral, revitalizadora em forma ainda larvar, é a que anima os bascos, despertando da apatia os nacionalistas mais consequentes, envolvendo-os num combate que logo alcança um temor revolucionário. O sequestro do embaixador alemão é um episódio dessa luta.

No caso do Brasil, estamos diante de uma ditadura cuja função social é manter, pela força, uma estrutura de poder incapaz de legitimar-se com procedimentos democráticos que quer perpetuar, a qualquer custo, a hegemonia de uma classe dominante que, frustrada na tarefa de promover um desenvolvimento social generalizado e garantir as liberdades democráticas, se coloca em oposição a todo povo e só pode manter as instituições que a beneficiam através de uma ditadura militar regressiva e repressiva. Como esta desperte resistências, ainda que débeis, deve enfrentá-las, e nesse esforço se configura como regime terrorista brutal, cada vez mais impopular. É certo que nem todos se opõem ativamente ao regime, inclusive porque a maioria das gentes só busca esquivar-se do açoite, silenciando suas opiniões, postergando suas reivindicações, escondendo sua vergonha, preocupando-se unicamente em sobreviver enquanto dure a iniquidade. Mas sempre existe os que não se acovardam e se organizam, ainda que de maneira precária, para lutar como podem. Sobre eles cai a mão da repressão da forma mais feroz. Enquanto resistem, conformam modelos de protestos contra governos que não admitem nenhum tipo de oposição e o seu exemplo se multiplica desafiando os aparelhos repressivos. Estes, em consequência, se reestruturam e crescem, até dominar todas as instituições e fazer da ferocidade dos torturadores um sistema de governo. De quem é a culpa? De quem mantém o despotismo e lucra com ele? Ou dos que lutam nas condições mais adversas contra uma ordem repressiva?

O terceiro caso de sequestro, ocorrido no Uruguai, volta a colocar sob os olhos do público internacional os tupamaros, que são ao mesmo tempo o mais audaz e o mais imaginoso dos grupos insurgentes latino-americanos. Eles surgiram e cresceram num ambiente de crise econômica e de deterioração institucional em que caiu a democracia uruguaia na última década. Como os militantes políticos enfrentam uma estrutura de poder que, sendo incapaz de resolver a crise nacional, agrava-a cada dia mais, pondo em risco a própria sobrevivência do Uruguai como nação; assim, a ousadia das ações dos tupamaros granjeou para eles, rapidamente, grande prestígio entre as esquerdas independentes e em todos os setores não comprometidos com o governo. Para esse vasto público, os tupamaros passaram a representar uma afirmação de vigor nacional frente ao desânimo de todos que, juntos, duvidam da viabilidade geoeconômica do próprio país e não veem possibilidade de uma revolução social que estaria vetada pelos dois poderosos vizinhos.

Essa consciência amargurada e frustrada conduzia, por um lado, à aceitação tácita de um estatuto de dependência frente à Argentina e ao Brasil, e, por outro lado, à emigração maciça para países como Canadá e Austrália, de grandes contingentes da juventude uruguaia. Nesse ambiente no qual quem não era sensível à insurgência se perdia também para a nação, o movimento tupamaro se afirmou como um ato de fé no Uruguai. Suas operações de prisões de oligarcas, de reclusão e de advertência de autoridades despóticas, de invasão de centros de corrupção financeira, de recuperação do ouro entesourado por milionários, de justiçamento de policiais e torturadores nacionais e estrangeiros e, finalmente, os sequestros de diplomatas, ocorrem como distintas formas de luta revolucionária contra um poder institucional incapaz de se sustentar democraticamente e de levantar a nação. O poderio do governo e a debilidade da organização clandestina condicionam suas formas de ação no ataque e na defesa. O governo faz o possível para liquidar os tupamaros pela difamação, denunciando-os como criminosos, pela perseguição e prisão. Eles se defendem e atacam como podem. Porém, ambos têm os olhos postos na opinião pública nacional e internacional cujo respaldo consideram fundamental.

O paradoxal nesse enfrentamento inverossímil é o seu caráter duplo; o despotismo exercido pelo débil – que contando com os meios mais precários consegue manter em cheque o poder governamental – e a vulnerabilidade do poder governamental cujo prestígio passou a depender principalmente da sua capacidade de fazer frente a um pequeno grupo sedicioso que, apesar de perseguido e lançado na clandestinidade, sobrevive porque encontra guarida na população.

O espantoso desse enfrentamento é que para ela não há saída possível; por mais que os tupamaros somem façanhas sobre façanhas, não alcançarão por essas vias o poder. O governo desafiado por eles vai revigorando as forças militares e propensões despóticas que acabarão por destruí-lo.

Nessas conjunturas é que ocorrem os sequestros como atos políticos. Subtraindo um diplomata de carreira de sua rotina diária, o sequestro situa-se de repente no centro da arena nacional, imediatamente politizada por esse ato mercê do questionamento da ordem interna no plano internacional. A posição do sequestrado é tão comovedora que não há como esquivar-se à tentação de entrar na sua pele para perguntar com ele: – Que culpa tenho eu de um despotismo para o qual não contribuí e contra o qual se luta às minhas custas e a meu pesar? O que está em juízo aqui não é o dever moral de lutar contra a opressão mas estamos diante da terrível responsabilidade de recrutar alguém, contra a sua vontade manifesta, à uma luta que lhe é estranha. Porém, será na verdade uma luta tão estranha? Quem pode nesta questão que envolve a humanidade inteira – ou pelo menos apela diretamente a ela graças aos meios modernos de comunicação de massa – dizer que lhe é estranha? Isso ocorreria se nós nos houvéssemos cercado de instituições internacionais capazes de exercer uma pressão moral eficaz contra todas as formas de despotismo. Neste caso, o poder da opinião pública mundial, à qual apelam os sequestradores estando institucionalizado, seria exercido sem necessidade de artifício ou sacrifício. A verdade penosa porém é que os sequestros são a única forma de fazer ativa, válida e respeitada, uma autoridade moral que os que a detêm nominalmente como as Nações Unidas, as Igrejas e as instituições parlamentares internacionais, são impotentes para exercer. Ou por acaso alguém conhece alguma outra forma igualmente eficaz de alcançar os mesmos resultados?

A característica essencial dos sequestros de diplomatas é a de ser uma operação política de dimensões mundiais. Eles têm como denominador comum o propósito explícito de polarizar a opinião pública internacional em torno de uma situação política concreta através de gestos dramáticos. Procuram imediatamente salvar líderes revolucionários da morte ou libertá-los das prisões e da tortura. Porém seu efeito verdadeiro é o de desmascarar o Estado opressor, pondo a nu frente ao mundo toda a sua iniquidade, e fazer frente a um governo oligárquico que põe os revolucionários na clandestinidade. Assim, o sequestro do embaixador alemão foi a melhor forma de que dispunham os bascos para obrigar a imprensa internacional a prestar atenção à sua luta secular, que jamais havia comovido ninguém. A condenação feita pelo governo franquista de um punhado de combatentes haveria sido um episódio local a mais, uma reiteração de um longo martiriológio. O sequestro do embaixador se converteu de imediato em um acontecimento internacional e o julgamento dos guerrilheiros bascos forçado a realizar-se sob as luzes da imprensa e sob a atenção da opinião pública mundiais, o que afinal tornou impossível a execução dos mesmos.

No caso do Brasil, o embaixador suíço foi chamado imediatamente a contribuir para a libertação de setenta jovens prisioneiros, o que se alcançou. Porém, foi chamado sobretudo a demonstrar à opinião pública mundial que – contrariamente às declarações do governo – as prisões brasileiras estão cheias de presos políticos e que nelas se praticam as formas mais atrozes de tortura.

No Uruguai, os tupamaros tendo em mãos dois reféns agarram a um terceiro – desta vez o embaixador da Inglaterra – para fazer valer o repto que o governo desconheceu talvez pela baixa hierarquia dos dois primeiros sequestrados. Nesse sentido, o novo sequestro foi feito como uma alternativa ao sacrifício dos dois reféns. Seu objetivo imediato é a liberação de 150 quadros da organização; seu propósito específico é de superar o impasse criado na interação entre os revolucionários e o poder institucional. Este, apoiado pela Argentina e pela América do Norte, resistirá ao repto anterior ganhando prestígio frente à opinião pública, como um governo que, ao contrário de outros mais poderosos, era capaz de fazer frente aos insurgentes, tratando como delinquentes comuns nada menos que a mais prestigiada entre as organizações revolucionárias do continente. Face ao novo desafio, Londres frente a Montevidéu, se contrapõem o poder institucional e os tupamaros numa disputa que se trava perante o país e o mundo, convertendo uma operação de sequestro num combate de desgaste da estrutura de poder.

O exame atento dessa questão leva em primeiro lugar a ressaltar o fato de que os sequestradores, ao desencadear a ação, se põem em risco de vida, atraindo sobre si mesmos, sobre suas famílias e até sobre seus conhecidos mais remotos, toda a ferocidade repressiva de Estados policiais superpoderosos. E, em muitos casos, não se trata só de riscos de vida, mas da ameaça, ainda pior, de encontrar a morte na tortura mais selvagem. Esse fato demonstra claramente que quem empreende tais ações não está jogando irresponsavelmente ou impunemente com a vida alheia.

Outra consideração que se impõe se refere ao propósito dos sequestros políticos. Não há aqui nenhuma dúvida possível, com respeito ao caráter impessoal, nem com respeito à ausência de qualquer interesse subalterno: pelo contrário, por mais dramática e arbitrária que seja a ação de subtrair e servir-se de um "inocente" com finalidades que lhe são estranhas, não há como negar que esta é uma ação política que deveria ser classificada como impessoal e, por que não, até como altruísta. E vale dizer, uma ação levada a cabo por móbiles de caráter revolucionário, realizada sem nenhuma hostilidade pessoal, com respeito ao sequestrado, e buscando sempre o benefício de outros que não estão imediatamente envolvidos na situação.

O caráter trágico dessas ações se revela integralmente quando os sequestradores se veem na contingência de matar o sequestrado para fazer valer o repto ao poder despótico. Enfrentam-se então, por um lado, executores inteiramente conscientes de que estão diante de um homem sem culpa a quem devem matar, e de outro lado, um refém que conviveu com seus guardiães, chegando a estabelecer vínculos pessoais com eles, e que clama por misericórdia. Nas guerras entre os soldados, nos combates de rua contra a polícia sempre é possível representar o antagonista como inimigo e sem muito esforço odiá-lo. Então, mata-se ou morre-se lutando. No enfrentamento frio de um sequestro frustrado nenhuma mistificação é possível: os mártires estão condenados ao papel de executores de inocentes.

O problema ético aqui não é só novo mas muito mais complexo que as velhas teses sobre o tiranicídio ou sobre a guerra justa tantas vezes debatida. O que se coloca diante de nós não é sem dúvida um direito impossível, absurdo de matar o inocente, mas a questão álgida, terrível, de definir os limites da responsabilidade moral de cada homem. O que se questiona é a inocência ou a conivência de todos nós, com respeito à ordem social. Com efeito, quem pode dizer que está isento de culpa em nosso mundo apequenado pelas comunicações, sob os olhos de uma juventude acesa de indignação moral? Quem em nosso mundo fazendo pesar sobre eles as responsabilidades do combate ativo pela redenção do homem poderá eludir sua participação passiva em suas lutas? Quem será verdadeiramente inocente e puro de qualquer suspeita de conivência?

Se esse nosso mundo humano fosse produto de forças arbitrárias poderíamos dizer que a culpa é da fatalidade. Porém, o mundo é obra dos homens, é obra nossa. Somos os únicos responsáveis pelos males que existem e persistem porque consentimos. Em consequência, somos todos irremediavelmente cúmplices, exceto talvez os que se erigem em cruzados da reedificação do homem e da sociedade.

Realmente, a situação que o sequestro cria é tão radicalmente desesperada que não pode jamais ser avaliada com critérios simples. Nela se ressalta, entre todas as considerações, seu caráter de opção moral desesperada. Opção moral porque para seus autores trata-se de escolher entre não fazer nada contra o despotismo todo-poderoso e não poder desencadear uma revolução reconhecida como necessária; ou fazer o possível, o praticável, dentro do âmbito estreitíssimo das alternativas que lhes são oferecidas. É uma situação desesperada porque eles se veem compelidos à injustiça necessária de sequestrar um inocente, escolhido tão só por sua capacidade de, uma vez preso e ameaçado, comover a opinião pública internacional.

Na maioria dos casos se apela ao sequestro onde não existe um estado de legalidade, onde a justiça se encontra inerme, onde a oposição política é impraticável, onde a imprensa é controlada e censurada, onde a opinião pública não pode ser mobilizada para exercer nenhuma pressão moral. Sob essas condições de despotismo exemplificadas pelo Brasil e Espanha, não existindo garantias aos cidadãos, tampouco existem alternativas aos sequestros para alcançar os fins que os sequestradores se propõem. Em outros casos – e temos aqui em mente o Uruguai – o sequestro é uma operação revolucionária ou recurso de que lançam mão os revolucionários ainda incapazes de desencadear uma revolução para levar adiante a luta contra o regime que os lançou na clandestinidade. Aqui, o que está em questão é o direito à revolução. É a situação ambígua dos enfrentamentos entre uma institucionalidade que se tornou obsoleta mas subsiste, e um projeto de poder novo, que não é ainda capaz de legitimar-se. O importante a assinalar é que a sociedade uruguaia depois de décadas de tranquilidade começou a gerar rebeldias que não podendo encaminhar-se pelos canais institucionais, porque condenadas à clandestinidade, explodem em ações de guerra.

Para todos esses rebeldes, sua luta revolucionária é um imperativo moral, imperatividade que não obriga ninguém, mas que tem o sentido de uma opção inevitável, para aqueles poucos que assumem o dever de não cruzar os braços diante da opressão, da tortura, da iniquidade, ou que se negam a acomodar-se sob uma estrutura oligárquica de poder incapaz de promover o desenvolvimento nacional autônomo.

Os sequestros de diplomatas, enquanto gestos éticos veementes de protestos, só têm paralelo com atos políticos de autoimolação como os dos monges budistas ou do jovem universitário tcheco. Devemos reconhecer, sem dúvida, que os suicídios políticos, apesar de toda a sua heroicidade e repercussão, não constituem uma alternativa em relação aos sequestros de diplomatas, porque lhes falta eficácia operativa. A mais simples avaliação permite verificar que nos dois últimos anos e meio – desde que se iniciaram os sequestros desse tipo – foi reclamada a liberação de quase quatrocentos presos políticos, sendo que cerca de metade deles foi libertada. Seu custo foi a vida de dois sequestrados, um diplomata e um político de carreira, ocorridos em casos em que os governos buscaram tergiversar o repto, tratando o ato político como se fosse uma ação criminal. Aritmeticamente – no que respeita a responsabilidade de seus autores – os sequestros foram operações de troca, entre semanas de sofrimento injusto para alguns diplomatas, e a anulação de milhares de anos de condenação para centenas de prisioneiros políticos submetidos à iniquidade e à tortura.

Esse raciocínio parece pouco piedoso para com a dor dos reféns, a angústia de suas famílias e amigos, a perplexidade e a comoção de enormes multidões que em todo mundo acompanham solidárias esses dramas através das notícias de jornais; mas como ignorar outras dores ainda mais atrozes como a dos presos políticos submetidos a torturas bestiais ou a de seus familiares, inclusive dos familiares daqueles que ousam empreender os sequestros. É certo que muito raramente estes chegam a saber que seus filhos estão envolvidos numa operação dessa natureza. É de supor, entretanto, que muitos pais – em diversos países submetidos a regimes despóticos ou imersos em convulsões revolucionárias –, dada a postura inconformista de tantos jovens, imaginem que possa ocorrer aos seus filhos comprometerem-se em ações de sequestro. Como dissuadir a um filho que assume uma postura radical de protesto ético? Pedir-lhe que não se comova com a dor alheia? Infundir-lhe que não se erija em salvador do mundo? Implorar-lhe que não comprometa o seu destino e ao de sua família? Aconselhar-lhe que deixe a outros mais prudentes a tarefa de melhorar o mundo? Todo diálogo desse tipo é impraticável. Ou bem se trava partindo de distâncias insalváveis ou bem se extrema até romper-se toda a comunicação.

Entretanto, tais diálogos configuram a situação-limite da brecha geracional. De um lado estão os pais, quase sempre acomodados como todos nós, cheios de consternação por si mesmos e pelos sacrifícios vividos para criar seus filhos.

Porém também cheios de pavor e de covardia face ao desafio de orientá-los em um mundo convulsionado no qual devem ingressar. De outro lado está o jovem iracundo que vê na velha geração, nos seus pais e em todos nós, os responsáveis pelo mundo tal qual ele é. Aos seus olhos, somos os culpados de Hiroshima, mesmo quando o condenamos; de Buchenwald, ainda que nos tenha horrorizado; do Vietnam, ainda que nos repugne; e inclusive de crimes remotos, ainda que rapidamente esquecidos como as matanças de Madagascar, da Algéria, da Palestina e as mais recentes da Indonésia, do Camboja e da Biafra. Podemos nos defender dessas acusações dizendo que não são culpas nossas? A verdade é que consentimos em viver, construir tranquila e egoisticamente nossas vidas em um mundo onde tudo isso foi possível, sem nos preocuparmos efetivamente. Pelo menos, nenhum de nós pensou que deveria mudar de carreira, ou reorientar sua vida para que esses crimes, que nos comoveram a seu tempo, não se repetissem. Serão, por acaso, esses fatos, coisas do passado? Resultados de tempos adversos? Não. Não, porque hoje continuam sucedendo e na verdade só chegamos a sabê-lo quando algum diplomata é sequestrado. E aí, ficamos mais penalizados por ele – o pobre diplomata agarrado – que pela situação dramática que esse sequestro revela de repente à nossa perplexidade. Muitos negariam essa culpa alegando que muito melhoramos o mundo que herdamos. Criamos instituições de Direito! Julgamos e condenamos os criminosos nazistas! Redigimos a Carta Universal dos Direitos Humanos! Inscrevemos aqueles direitos na Carta da OEA! Mas, e o Papa Doc? E os assassinos de indígenas? E os matadores de mendigos? E as caçadas desumanas do Esquadrão da Morte? E os torturadores de presos políticos? E o racismo norte-americano? E o sul-africano? E o *apartheid*? E o drama palestino? E as ditaduras militares repressivas e regressivas?

Quantas nações poderiam afirmar que estão vigente nelas os princípios da Declaração Universal dos Direitos Humanos? Como se vê, sobram razões de protesto e de rebeldia para quem assume postura ética combativa no nosso mundo enfermo de violência e covardia. Ninguém duvida de que nós não nos rebelaremos. Isso sabemos bem. Porém, ao não fazê--lo, assumimos nossa parcela de responsabilidade e de culpabilidade. Alguns dentre nós se rebelarão, comprometendo seus destinos em atos de protestos, oferecendo sua carne à dor. Serão estes o sal da terra, os mártires aos quais se renderá culto amanhã? É possível! Já sabemos como é difícil hoje conviver com eles e com seus radicalismos éticos que nos desmascaram. A verdade é que os heróis, os santos, e os mártires de todos os tempos sempre foram incômodos. São aqueles seres revestidos de carne e de nervos, tão capazes de dor como os nossos, mas que saem em busca de sua dor, forçados por um imperativo moral.

Certas épocas parecem propícias a esses testemunhos heroicos. E nelas se multiplicam as pessoas predispostas a assumir posições irredentistas. Provavelmente nossa época é uma delas e dará também a sua colheita de heróis e de mártires. Não há dúvida de que eles não surgirão dentre nós, os que buscamos a tranquilidade, os que nos resignamos, conformados, os que julgamos e condenamos tão severamente aos sequestradores. Surgirão do meio dos desenganados, dos desesperados, que afrontando todos os riscos se queimam por amor ao próximo.

D. R., Santiago, 1972

INDIANIDADES

Os índios e nós[*]

Antigamente o índio nos comia.
Agora, somos nós que estamos comendo o índio.

Orlando Villas Boas

No exame do problema indígena é preciso reconhecer expressamente as diferenças que separam as situações dos pequenos *grupos tribais* que se veem ilhados no meio da população nacional, da situação dos grandes contingentes indígenas configurados como *indigenatos*. Esses últimos, oriundos de altas civilizações pré-colombianas, se concentram em alguns países dos quais constituem massas rurais que, em certos casos, correspondem à maioria da população nacional (Guatemala e Bolívia) e, em outros casos, à maioria da população de extensas regiões (Peru, Equador, México) mas, nos dois casos, representam contingentes humanos que vão de centenas de milhares a vários milhões de habitantes.

A principal característica das microetnias tribais é a de serem extremamente numerosas, já que somam várias centenas de grupos tribais diferentes. A esses grupos, porém, corresponde um montante populacional relativamente pequeno, uma vez que todos eles representam menos que 10% da população indígena total das Américas, enquanto que os grandes contingentes indígenas – que são pouco mais de uma dúzia – englobam 90% da população indígena total, que deve aproximar-se dos 20 milhões de pessoas.

---

[*] Introdução aos debates do Simpósio sobre Política Indigenista e Colonialismo do *XLII Congresso Internacional de Americanistas*, publicado primeiro nos *Anais* e depois em *Vozes 6*, 1977. Mudei o título original, *Protagonista do Drama Indígena*, porque um índio me disse que protagonistas mesmo são só os índios, todos nós outros somos antagonistas. (N. A.)

Nesta multiplicidade de pequenos grupos étnicos, encontramos desde situações de isolamento e tribalidade, em que se conservam muito da língua e da cultura original, até situações de integração, correspondentes a uma indianidade genérica que, às vezes, não guarda nada do seu patrimônio senão a continuidade de sua autoidentificação como índios e a extrema penúria que também caracteriza quase todos eles.

Outra condição assinalável dessas microetnias é sua irrelevância demográfica, sobretudo se contraposta à massa numérica da população nacional. Eles são tão poucos que seu destino, qualquer que seja, já não pode afetar nem minimamente o destino da sociedade nacional. Nesse sentido, eles não são um problema nacional. Do ponto de vista da nação, eles são tão somente uma condição de marginalidade de uma pequena parcela da população, diferenciada das demais por sua origem pré-colombiana, e pelos desajustamentos que sofreram como a expansão da sociedade nacional sobre seus corpos e sobre seus territórios. No caso do Brasil, por exemplo, conta-se com cerca de 150 grupos tribais diferentes, a maioria deles constituída de núcleos com menos de 100 índios, e cuja população total apenas ultrapassa 100 mil pessoas,[1] o que representa muito pouco sobre o total de 120 milhões de habitantes do país.

A maioria desses microgrupos tribais é formada por indígenas muito aculturados e os poucos que ainda conservam sua cultura original estão experimentando processos mais ou menos intensos de deculturação, cujo ritmo não depende de sua vontade, mas da dinâmica das fronteiras de expansão da sociedade nacional que avançam sobre eles. Assim é que a conservação do seu montante populacional e do seu patrimônio cultural não depende deles e só pode ser alcançada pelos

---

[1] Esta avaliação se funda em dados de 1956.

grupos que se encontrarem em territórios não disputados, as chamadas zonas naturais de refúgio.

É também uma condição desses microgrupos a dupla necessidade que têm de uma intervenção protecionista que os ampare contra os diversos fatores de extermínio e de descaracterização a que estão submetidos; e das suas principais consequências, que são a dependência das formas paternalistas de assistência e a apatia resultante. Esta, às vezes, chega a ser fatal, conduzindo os índios a extremos de desengano, com a perda do desejo de viver e a total desmoralização a que são levados após sucessivas frustrações. Entretanto, onde e quando falta a intervenção protecionista exercida pelo Estado ou por missões religiosas, diminuem drasticamente as possibilidades de sobrevivência dos grupos tribais indígenas. Assim é porque o índio tribal, sobretudo o recentemente incluído no circuito de convívio da sociedade nacional, apresenta carências específicas, que o colocam em situação de inferioridade se ele entra em competição direta com a sociedade circundante. Entre essas carências se conta a de ser muito mais vulnerável às enfermidades infecciosas introduzidas pelo branco; a de falar uma língua própria e ter dificuldades de expressar-se no idioma nacional; a de pertencer a uma cultura diferente que tem outras motivações e valores distintos, às vezes opostos aos da sociedade nacional – o solidarismo indígena, por exemplo, em lugar do egoísmo das economias privatistas; a de ser vítima de discriminações odiosas por parte das sociedades nacionais, especialmente os integrantes das fronteiras de civilização que o veem como o *selvagem* com que está em conflito e cuja matança não envolve culpa e, às vezes, constitui um mérito. Todas essas carências do índio com respeito às populações com que ele entra em interação e competição exigem alguma assistência compensatória para que lhe seja dada uma chance de sobreviver *integrado* na sociedade envolvente.

Essa integração é, porém, apenas um *modus vivendi*, uma acomodação, porque nenhum grupo indígena – mesmo depois de completada a sua aculturação por perda da língua e de patrimônio cultural original – se incorpora por assimilação, fundido ao corpo da sociedade nacional e convertido em parte indiferenciada dela. Em lugar de assimilação, o que ocorre é o seu desaparecimento por desgaste etnocida ou por extermínio genocida, ou sua sobrevivência como grupos "integrados" à vida regional, na qualidade de contingentes cada vez menos diferenciados da gente do seu contexto mas que continuam, apesar disso, se identificando e sendo identificados como indígenas.

LIBERAÇÃO ÉTNICA

Os grandes contingentes indígenas integrados às sociedades nacionais como campesinatos diferenciados etnicamente constituem, também eles, uma *indianidade genérica*, comparável à das microetnias tribais integradas e muito aculturadas. Esses indigenatos, via de regra, conservam a língua original, mesmo quando dominam também o idioma nacional; guardam, por igual, tradições que recordam tempos passados em que viviam autonomamente antes de serem conquistados e espoliados; cultuam crenças e ritos religiosos que funcionam como intensificadores da solidariedade étnica e detêm usos e costumes próprios, às vezes de procedência europeia, como a "vestimenta indígena" do Altiplano.

Entretanto, ainda que muito contrastantes com respeito às populações crioulas, os indigenatos pouco guardam da sua cultura original. Ela foi prontamente despojada dos seus conteúdos opostos à cultura do dominador, ao mesmo tempo em que foram exterminados os seus líderes e seus quadros eruditos. Sua nova configuração cultural, surgida lentissimamente, depois de séculos de esforços silenciosos e de vicissitudes dramáticas, tem como função principal a de operar como uma carapaça para evitar a total entrega frente ao conquistador e seus sucessores.

Apesar de totalmente distinta da cultura crioula dos descendentes de europeus ou africanos assimilados à etnia nacional, essa cultura da indianidade é também uma cultura da civilização, que se expressa com as singelezas e as carências decorrentes da condição de penúria que sufoca as populações rurais que a detêm e que nela se expressam. Assim é porque, estando integrados na economia de mercado como produtores e como consumidores, e tendo que coexistir e conviver com a população regional, apesar do arcaísmo de muitos dos seus modos e costumes, eles se encontram incorporados à civilização, ainda que situados numa condição inferiorizada pela opressão e pela espoliação de que continuam sendo vítimas. Como são muito populosos, esses indigenatos reproduzem, na construção de si mesmos, uma matriz genética que, mesmo contaminada de branquitudes, é fundamentalmente indígena no plano biológico. No plano cultural, eles prosseguem uma linha de transmissão de imagens, valores e habilidades que, apesar de desculturados no que tinham de mais original e criativo e recheados de conteúdos espúrios, remarcam sua condição de etnia indígena diferenciada da ladina e da crioula e a elas oposta.

Acresce que esses indigenatos não são também meras minorias étnicas convivendo e competindo dentro do corpo de uma sociedade pluriétnica, suscetível de resolver seus problemas étnicos através da democratização das instituições políticas. Na verdade, eles são menos e são mais do que minorias étnicas. Menos por sua condição estrutural de *campesinatos* socialmente explorados. Mais por sua condição de grandes montantes demográficos, às vezes majoritários da população dos países em que se encontram, o que leva a perguntar sobre quem corporificará a nacionalidade do futuro: se o indigenato, hoje etnicamente oprimido, ou a minoria nacional ou regional de crioulos "brancos" e "europeus", por autodefinição?

Muitos antropólogos pensaram por demasiado tempo que a condição desse indigenato seria a de um simples campesinato diferenciado dos contingentes urbanos de suas sociedades. Alguns até previram que, uma vez liberados da exploração latifundiária, se modernizariam e se incorporariam, então, alegremente à nação. Hoje ninguém deixa de ver que, ademais de camponeses explorados, eles são uma gente em si, quer dizer, outra gente que se vê e é vista como distinta das que compõem o quadro nacional, quero dizer, dos que perderam a cara e a especificidade e se dissolveram no ser étnico nacional.

Tornou-se, portanto, evidente para todos que nenhuma reforma agrária os desindianizará, no sentido de incorporá-los, assimilados, à etnia nacional que ocupa o seu antigo território. Finalmente, eles começam a ser vistos como povos oprimidos que, na primeira oportunidade, entrarão a lutar pelo direito de serem e permanecerem eles próprios, sem sofrer por isso nenhum vexame ou opressão, qualquer que seja o quadro cívico dentro do qual estejam inseridos.

Voltamos, assim, à nossa constatação de que nenhuma revolução camponesa resolverá os problemas dessas massas, para acrescentar que também uma revolução socialista não os resolverá se não assumir, desde o início, a forma de uma sublevação étnica cujo objetivo seja quebrar e remontar em novas bases o quadro nacional. Assim sendo, a luta de libertação étnica tende a comparecer cada vez mais aos olhos desses indigenatos como a única porta de saída para sua situação desesperada.

É de se supor, portanto, que nas próximas décadas surjam graves conflitos interétnicos nos países americanos. Conflitos semelhantes àqueles que se registram em vários outros países do mundo – recordamos, só na Europa, os bascos, os catalães, os flamengos, os bretões e os curdos – que lutam para quebrar os quadros nacionais dentro dos quais se sentem oprimidos. No caso das Américas, porém, eles tendem a alcançar um caráter muito mais cruento, dado o fato de que a espoliação e a opressão sofridas pelas populações indígenas americanas foi muito maior e mais continuada do que a de qualquer outra que se conheça.

De fato, parece estar se abrindo a esses indigenatos uma perspectiva nova de ação libertária, que surge depois de séculos de estagnação e conformismo com a opressão étnica. Efetivamente, as sociedades indígenas que estavam a nível de alta civilização – astecas e incas, principalmente – quando da chegada do europeu, foram das primeiras que se viram subjugadas, isso porque, sendo sociedades estratificadas, tinham experiência de exploração classista e contavam com elites dirigentes capacitadas a pactuar a paz em nome de todos com o invasor. A consequência desta claudicação foi o submetimento das massas daquelas civilizações a um novo senhorio que passou a explorá-las brutalmente. Seus descendentes, transfigurados cultural e cinicamente, configuram hoje indigenatos opostos à etnia nacional dominante. Apesar de terem sido quase sempre apáticos e conservadores, eles começam, agora, a ativar-se para lutar por uma nova posição e um novo papel dentro dos quadros nacionais.

Estamos, como se vê, frente à possibilidade de guerras interétnicas de extrema gravidade, que envolverão populações maciças a partir de atitudes irredutivelmente contrapostas.

O mais terrível dessas guerras intestinas, cuja ameaça surge como mais uma praga na história dramática desses descendentes dos povos que sofreram a conquista, é que os indigenatos a que eles foram reduzidos, embora altamente motivados, não estão preparados para travá-las. Bem pode suceder, por isso, que enormes áreas se conflagrem, convulsionando todo o país por muito tempo e com imensas perdas de lado a lado pela incapacidade de negociar a paz.

Com efeito, ao contrário do que sucedeu quando da conquista espanhola, mesmo os indigenatos que somam, agora, milhões de pessoas, não têm uma intelectualidade que os exprima, nem lideranças políticas autônomas que os representem, nem cidades próprias que organizem sua vida civilizada porque eles são, de fato, povos decapitados de seu comando autônomo e convertidos num neoproletariado colonial interno, reduzido a um estamento rural superexplorado.

INTEGRAÇÃO *VERSUS* ASSIMILAÇÃO

Os indígenas das sociedades mais singelas, não urbanizadas nem estratificadas em classes, resistiram muito mais longamente à dominação do invasor, porque esta teve que exercer-se sobre cada segmento, que conseguiu sobreviver fugindo e lutando. Mas também no seu caso, no dia em que a fronteira da civilização os alcança e engolfa, torna-se inevitável o estabelecimento de relações pacíficas. Com elas começa o longo e terrível processo de integração compulsória, através do qual transitam da condição de *índios específicos* com sua própria língua, sua cultura original, seu autogoverno e seu orgulho de si mesmos, à de *índios genéricos*, cada vez menos distinguíveis pela língua que falam, pelos hábitos de trabalho, pelos usos e costumes das gentes do contexto novo em que se encontram imersos.

Observe-se bem que, embora tratando-se, de certa forma, do passo da condição de "selvagem" à de "civilizado", não se trata aqui da passagem da condição de índios a de não índios, porque isso não sucedeu em nenhum caso do qual se tenha evidência. O passo que efetivamente ocorre é entre a situação de *índios específicos*, armados de seus atributos culturais, sociais e psíquicos e a de *índios genéricos*, despidos deles, para se integrar à sociedade nacional como grupos marginalizados, vivendo o drama de sua entrega à civilização, de sua doída adesão a ela, mil vezes tentada e mil vezes rechaçada, e de sua própria e simultânea resistência à transfiguração étnica.

Esta que é a *integração* praticável e observável em cada grupo de longo convívio com a civilização não constitui nenhum processo de assimilação que dissolva o índio e o incorpore como componente indistinguível da sociedade nacional. O índio que nela conseguiu ingressar, de fato, foi o filho de índia prenhada pelo invasor que se identificou com o pai, levando apenas no corpo a carga genética que o capacita a reproduzir seu fenótipo. Ou foi o descendente esquecido de seus maiores, de índios levados a extremos de deculturação como escravos e outras formas de compulsão que, destruindo a comunidade tribal e até a família, não deixa lugar para a transmissão social de qualquer herança cultural, nem mesmo a identidade étnica.

A *integração* de que estamos falando não é, pois, nenhuma meta que se esteja buscando ou que se possa almejar. É tão somente a condição mesma dos sobreviventes atuais das populações pré-colombianas submetidas a um processo integrativo que, começando com a invasão europeia e prosseguindo sob o domínio colonial e nacional, as despoja de sua cultura original e as compele a conviver com seus dominadores. No caso das microetnias, o que se *integra* são os contingentes residuais, que depois de experimentarem drástica depopulação conseguiram, a custo, reequilibrar sua população e depois começar a refazê-la. Esse é o caso tanto de tribos indígenas que têm séculos de contato e submissão aos agentes da civilização, como também a de grupos contactados no último século e que saltaram rapidamente da condição de índios isolados e revestidos de todos os seus atributos originais, à situação de populações detritárias pelas condições de miserabilidade física e de desmoralização em que se viram afundadas, pelo efeito acumulativo das enfermidades e da miséria. Alguns deles conseguem conservar um pouco de sua cultura indígena original nos seus modos de prover a subsistência, de organizar a vida social e de explicar a sua experiência do mundo. Mas os mais aculturados raramente conservam traços distintivos que não sejam os que lhes dão um mínimo de sustentação moral para suportarem ser diferentes num mundo majoritariamente formado por brancos, negros e mestiços, todos esquecidos de suas raízes e metidos na pele étnica e na cultura da sociedade nacional.

A condição da maioria desses contingentes é a de microetnias enquistadas no corpo da sociedade nacional, amargando sua experiência dramática. Os poucos grupos que ainda conseguem manter-se afastados ou isolar-se dentro dos territórios tribais e ali prover sua subsistência, reconstroem sua indianidade e recuperam certo grau de orgulho étnico mantido à custa de esforços inauditos. Os que se veem ilhados no mar da branquitude, tendo de buscar o sustento trabalhando para outros, vendo-se apontados como selvagens, exóticos e preguiçosos; desconfiados, ladrões, violentos, hereges, sujos e incapazes de progresso, têm uma das mais trágicas experiências do mundo que se possa imaginar. Os que se encontram desgarrados do seu grupo ou reduzidos a magotes que perambulam pelas fazendas alcançam aquela condição de penúria e solidão a que não aspiraram nem mesmo os santos mais fanáticos.

Tudo que foi dito comprova, exatamente, que tanto as microetnias tribais quanto os indigenatos maciços encarnam uma condição desumanamente trágica. Nenhum povo, jamais, depois de invadido e subjugado foi, como eles, tão brutalmente maltratado e tão continuadamente perseguido por tantos séculos. O mais doloroso é que neles não se perdoa precisamente o serem e permanecerem eles próprios, tanto quanto os seus perseguidores, a seu gosto ou a contragosto, são também eles próprios.

O amanhecer dos indigenatos para assumir o seu papel de povos livres entre os povos é tido pela camada dominante da comunidade nacional como uma ameaça mortal. Eles o veem e os tratam como a negação de seu próprio ser, e como o alterno a eles contraposto e destinado a destruí-los, se chegam a existir, um dia, autonomamente.

No caso das etnias tribais, o fato da sociedade nacional ser prodigiosamente maior e mais forte, e de que já não pode ser afetada no mais insignificante dos seus traços pelo que suceder com a sua contraparte minúscula, não a move à generosidade. Ao contrário, mais espicaça a sua intolerância e impaciência contra a insuportável resistência desses grãos de povos que teimam em ser e permanecer eles próprios em lugar de deixar-se dissolver no conjunto étnico nacional.

Entretanto, a autonomia e o florescimento dos indigenatos, bem como a sobrevivência diferenciada das microetnias tribais, aparentemente poderiam realizar-se sem que representassem danos maiores para as sociedades nacionais que os oprimem e perseguem. No caso dos indigenatos, porque sua combatividade aponta é contra a forma unitária e opressiva de institucionalização do Estado nacional a qual, uma vez revista para reconhecer e consagrar o caráter multiétnico da sociedade, poderia englobar em convívio igual e solidário, tanto os indigenatos como os contingentes crioulos. No caso das etnias tribais, porque as suas reivindicações em terras e assistência são tão minúsculas que seu pleno atendimento está ao alcance de qualquer Estado medianamente responsável frente a toda a sua população. Só se opõem radicalmente a eles por seus interesses aqueles que querem apropriar-se das terras que lhes restam, que têm como projeto de enriquecimento a exploração de mão de obra indígena, ou ainda, os camponeses marginalizados que, à falta de uma reforma agrária que atenda às suas reivindicações, invadem os territórios tribais.

Na realidade, porém, o problema indígena, apesar de formulado há séculos, não encontrou jamais uma solução, nem parece encaminhar-se para ela agora. Talvez seja assim porque sua identificação étnica esconde fatores que nosso nível de consciência social ainda não permite compreender. Com efeito, a resistência dos indigenatos e das tribos à assimilação contrasta tão flagrantemente com o potencial assimilativo das diversas categorias de europeus, de negros e de asiáticos que vieram para as Américas, que não chegamos a explicá-la. Tal como não explicamos, também, por que os judeus e ciganos teimam tanto em ser judeus e ciganos, e até mais afirmam sua identidade étnica quando se veem mais perseguidos. A larga perseguição e o ódio implacável sofridos pelos índios – primeiro, dos conquistadores, e depois dos membros das sociedades nacionais que os sucederam e herdaram seus antigos ódios – não seria, também para eles, a fonte de força de que tiram suas energias para sua resistência desenganada?

A INTERMEDIAÇÃO PROTECIONISTA

O que mais surpreende no estudo das situações de vida e dos requisitos de sobrevivência das populações indígenas tribais é o fato de que apesar de enfrentarem condições inexcedíveis de perseguição e de pobreza muitos deles sobrevivem, por séculos, em contato direto com as frentes da civilização. Sobrevivem, é certo, reduzidos a uma subgente humilhada e paupérrima, que não se explica como possa, como consiga, como queira viver. Uma das questões cruciais com que se defronta a antropologia americana é responder o que se pode fazer para que a existência dessa população indígena melhore ou, pelo menos, que lhe doa menos o sobreviver. Essa indagação põe em xeque a natureza das formas de ação protecionista que seriam indesejáveis nas relações dos índios com a civilização.

Os que lidamos com esse problema há muitos anos, apenas sabemos que, deixados entregues a si mesmos, os indígenas tribais seriam despojados de suas terras e convertidos naqueles magotes de índios errantes de que falamos. Sabemos também que todos os tipos concebidos de intermediação protecionista apresentam inconvenientes tão graves que sua presença e ação só se justificam porque os índios que se veem submetidos à exploração direta e não intermediada dos agentes da civilização caem na condição mais baixa que ao humano se consente. Condição que, em seu caso, é muito inferior a de que qualquer animal precisa, sobretudo os animais domésticos, e mais ainda os que vivem em rebanho. Para permitir-lhes um pouco mais do que simplesmente sobreviver, torna-se, portanto, indispensável assegurar-lhes alguma forma de intermediação protecionista que se interponha entre eles e os agentes da civilização.

A função dessa intermediação é, primeiro que tudo, assegurar aos índios o domínio pacífico de um trato de terras de dimensão mínima em relação à que eles dispunham originalmente, também mínima em relação à que foi apossada pelos invasores civilizados, mas suficiente para que, dentro do nível de sua tecnologia produtiva, lhes permita garantir sua subsistência. Dentro dessas terras próprias, trata-se de ajudar o grupo indígena a curar-se das pestes da civilização que apodreceram seus corpos, e a reorganizar sua vida social para que eles produzam o que consomem e, quando possível, um excedente para trocar pelos artigos que devem comprar no mercado. Viabilizadas essas bases de sua sobrevivência biológica, se colocam os problemas mais complexos de lhes dar meios intelectuais e morais de suportar o convívio com a gente de seu contexto, conservando ou refazendo uma imagem dignificante de si mesmos.

A intermediação a que aludo pode ser exercida por diversos agentes. O mais simples e mais barato deles – preferido entre todos por muitos "civilizados" – é o próprio explorador, que sempre pode ser encarregado de cuidar dos índios que encontre nas terras de que se apropria, para conduzi-los, a seu modo, à civilização. Poderia até combinar essas funções com a de padrinho e catequizador da indiada, como os espanhóis tentaram fazer com os *encomenderos*. É verdade que isso importa num risco certo e calculável, porque toda a documentação copiosíssima de que se dispõe sobre esse agente civilizador não deixa qualquer dúvida de que ele é uma peste só comparável às enfermidades introduzidas pelos europeus. Dezenas de grupos que se viram tratados diretamente por seus exploradores desapareceram em poucos anos, depois de submetidos a condições incomprimíveis de miséria.

A experiência brasileira nesse campo é enorme, porque o serviço oficial de proteção e as missões religiosas nunca conseguiram penetrar em muitas áreas remotas da Amazônia, como o Acre, ou só chegaram ali depois que exploradores de drogas da mata estavam atuando há décadas sobre as populações indígenas. O resultado foi o desaparecimento de tribos inteiras dessas regiões, às vezes sem que se tivesse nem mesmo notícia sobre qualquer de suas características culturais e linguísticas.

Outro intermediário, este mais complexo e mais caro, é o missionário. Posto junto dos índios pagãos com a função de salvar suas almas, ele sempre se preocupa, também, pelos corpos em que elas se assentam. Trata-se, é certo, de um intermediário interesseiro ou, ao menos, movido por uma motivação pessoal compensatória. É verdade que esta não é tão egoísta como a busca de lucro pelo empresário, mas tem também seu conteúdo de autoafirmação, uma vez que o missionário busca sua própria santidade e, se possível, o martírio. Essa postura, somada à servidão da cristandade à civilização europeia em expansão messiânica, converteu as missões, por séculos, em exércitos de europeização compulsória; capazes, se não de todas as violências, ao menos de todas as astúcias para alcançar a conversão de seus catecúmenos.

É de assinalar, todavia, que um dos acontecimentos alvissareiros da última década foi a mudança radical na posição das ordens religiosas frente às culturas indígenas, notadamente as católicas. Depois de séculos de ação catequética europeizadora, preconceituosa e intolerante, que fez muito dano às populações indígenas, algumas missões começam a reconhecer expressamente os seus deveres humanos para com os índios que catequizam e que não estavam sendo devidamente considerados, sobretudo no plano do respeito à cultura e no atendimento aos requisitos de sua sobrevivência como povos que, apesar de sua pequenez e rusticidade, têm o direito de serem eles próprios e de viverem segundo seus costumes.

Desde que assumiram essa nova atitude, muitos missionários começaram a preparar-se cientificamente para melhorar as suas formas de ação e incluíram, entre essas, a aceitação do dever de dedicar-se às suas novas ordens de preocupações. Primeiro, a de atuar junto aos governos a fim de assegurar aos índios a posse do território tribal. Esse zelo é tanto mais admirável porque as missões antes não se preocupavam com isso e algumas delas, no passado, chegaram a registrar as terras dos índios que catequizavam em nome da própria missão, e outras raramente puseram obstáculos à apropriação das terras indígenas por invasores.

Segundo, a preocupação de não mais recair em velhas práticas injustas e perversas, tais como a de deslocar tribos de seu hábitat para atender às conveniências da catequese; a de desmembrar as famílias extensas a fim de tentar a implantação de uma ordem familiar cristã e, sobretudo, a de separar os filhos dos pais, com o pretexto de lhes proporcionar uma educação formal que é, de fato, marginalizadora, porque só os prepara para uma vida de não índios que lhes é inacessível.

As novas missões preocupam-se, também, com outras questões cruciais, como a necessidade de superar o paternalismo assistencialista para assegurar aos índios o comando do seu próprio destino, devolvendo-lhes a individualidade, reintegrando-os em sua cultura e reconhecendo-lhes a condição de seres adultos, responsáveis e respeitáveis. Com esse objetivo buscam formas de ação que permitam superar a apatia e a desmoralização em que recaíram tantas tribos catequizadas.

Lamentavelmente, estamos ainda muito longe de ver generalizados os princípios dessa reforma missiológica a todas as ordens religiosas. Mesmo na Igreja Católica, que progrediu mais nesse campo, são ainda numerosas as ordens – como os Salesianos, os Capuchinhos e os Oblatos – que resistem a abandonar a velha doutrina e a devolver aos índios as terras e os bens da propriedade deles que registraram e que detêm em nome da ordem.

O terceiro tipo de intermediário é o agente governamental leigo, contratado para viver junto aos índios, a fim de assisti-los e protegê-los. Ele seria o melhor dos três, porque estaria exercendo uma função burocrática impessoal, sem buscar qualquer ordem de proveito material ou espiritual. Suas principais obrigações são pacificar os índios, pondo fim tanto a conflitos com civilizados como com outras tribos, e também às lutas internas; demarcar e registrar em nome da tribo, como propriedade coletiva e inalienável, o território em que ela vive; dentro desse território, introduzir novas técnicas e orientar suas atividades produtivas para fazê-los independentes de ajuda no provimento de sua própria subsistência, promover a educação das crianças e prestar-lhes assistência médica e orientação em todos os campos; e, finalmente, estabelecer barreiras que defendam os índios, sobretudo os recém-pacificados, do contato intenso com estranhos para evitar a contaminação por doenças e para permitir que eles tenham mais tempo e mais tranquilidade para acomodar-se às condições impostas pelo convívio com os civilizados.

Parece óbvio que o primeiro tipo de intermediação é francamente pior que os outros. Também estes, porém, não seriam desejáveis se os grupos indígenas pudessem viver sobre si mesmos, comandando o seu próprio destino sem ajuda externa. O ideal é devolver-lhes essa autonomia tão prontamente quanto praticável, porque os males da dependência são, provavelmente, maiores que quaisquer erros decorrentes do autogoverno.

Entretanto, são tão poderosas as forças mancomunadas contra os índios que os ameaçam em suas vidas, em seus parcos bens e em seu sossego, que a presença de um agente intermediador, de autoridade reconhecida e acatada por todos parece, às vezes, indispensável. Assim sendo, nada há de mais recomendável do que a crítica crua e severa das deformações em que cada tipo de ação protecionista tende a recair. No caso dos missionários, é evidente o risco de que o seu zelo sagrado se converta em fúria de intolerância fanática contra a cultura tribal, sobretudo em seus aspectos tidos como mais claramente heréticos. Outra deformação frequente das missões é o desenvolvimento de um pendor faraônico de edificar imensas obras missionárias à custa das terras e, por vezes, também do trabalho dos índios. Uma terceira é o desamor pelas culturas indígenas, o desapreço a seus costumes e o desrespeito às instituições tribais.

No caso dos agentes burocráticos, os defeitos principais são, também, por um lado, a exploração econômica, que por vezes converte as reservas indígenas em fazendas dotadas de casas suntuosas para os funcionários que, ademais, têm os índios postos a seu serviço. E, por outro lado, o despotismo de uma postura arrogantemente civilizadora que, além de ser incontrolável, pode ser ainda mais intolerante que o fanatismo missionário. Sendo ambos paternalistas, tanto o burocrata como o sacerdote têm a propensão de desenvolver nos índios, mesmo nos melhores casos, atitudes de apatia e desengano, que correspondem a quem é tratado sempre como incapaz e como infantil.

Nos últimos anos observaram-se sérios retrocessos na ação protecionista dos Estados, mesmo em países que contavam com uma tradição honrosa nesse campo, como os governos brasileiros do tempo de Rondon. Esse retrocesso é representado pela retomada de atitudes discricionárias por autoridades públicas que, ignorando a complexidade do problema indígena, creem que se possa conseguir, a gritos, a assimilação dos índios dentro dos prazos que prescrevem. Não o conseguirão, sabemos bem, mas nesse esforço fazem imensos danos às tribos despojadas de suas terras, perseguidas pela intolerância de funcionários boçais e abandonadas a seus perseguidores e exploradores seculares.

O PODER INDÍGENA

A única forma de ação que se oferece como uma alternativa às várias modalidades da intervenção protecionista é a organização de instituições indígenas de autogoverno. Por sua própria natureza, o planejamento e a implantação delas é incompatível com qualquer assessoramento externo paternalista, uma vez que a autonomia de comando deve começar pela definição dos mandos que se deseja instituir e obedecer. Apenas se pode admitir, neste campo, as ações destinadas a afastar obstáculos tendo sempre presente, porém, que a liberação étnica, não podendo ser outorgada, deve ser obra dos próprios índios. É certo que o problema de conquista da independência e de instauração de mandos autônomos tem aspectos técnicos complexos – como o da viabilização de instituições coletivistas de coordenação da vida comunitária dentro do corpo de sociedades de economia privatista – os quais, por vezes, exigem assessoramento. Devemos reconhecer, porém, que não existindo ainda qualquer doutrina codificada que sirva a esse propósito, só cabe recomendar que o tema seja objeto de estudo e de debate a fim de acumular análises críticas que possam servir, amanhã, de base à sua formulação.

Os passos mais importantes nesse caminho estão sendo dados pelos diversos grupos indígenas de todo o continente que, nos últimos anos, vêm realizando encontros de líderes indígenas para intercambiar suas experiências positivas e negativas de autogoverno e de organização de associações para promover ações coletivas, visando melhorar rapidamente o seu relacionamento com a sociedade nacional, defender seus direitos e salvaguardar seus interesses.

À medida que surjam e se fortaleçam autênticas instituições políticas indígenas, se irá podendo prescindir da presença de "agentes civilizadores" e, enfim, até de sua existência. Já hoje, a melhor garantia de que se dispõe para fazer frente, denunciar e corrigir os pendores à corrupção, à exploração e ao despotismo dos diversos tipos de agentes intermediadores é a implantação de associações indígenas exclusivas, capacitadas para examinar publicamente os problemas de suas comunidades e sobre eles pronunciar-se e agir.

Uma forma de poder indígena, ainda limitada mas atuante, é encarnada pelo novo tipo de agente que surgiu nos últimos anos: *o professor bilíngue nativo*. Tivemos oportunidade de entrevistar recentemente algumas dezenas deles no Peru.

Recrutado no próprio grupo e especialmente preparado para o exercício dessa função, ele é nomeado para o cargo oficial de professor público governamental. Sua primeira qualidade é ser multiplicável uma vez que, sem grande custo e esforço, se pode formar um para cada comunidade local. Outra qualidade é a de ser um membro do grupo indígena privilegiado por uma educação formal cuidadosa e a ele devolvido para prestar serviços a vida inteira, ajudando sua gente. Uma terceira qualidade é que, ademais de sua função profissional de professor, ele é necessariamente chamado a exercer outros papéis, configurando-se, afinal, como um intermediador mais arguto e informado nas relações do grupo com estranhos; como um intérprete das duas culturas em confronto, preparado para dar informações a uns e a outros a partir de uma atitude leal para com o grupo indígena; e como um intercessor que defenderá a sua gente diante de quaisquer opressores.

É óbvio que esse agente é também suscetível de desmazelos e exorbitâncias. Uma delas é a de converter-se num interventor despótico cujo poder pese sobre o grupo tanto quanto a dominação de um estranho. Outra seria o exercício da exploração econômica que faria do professor um novo patrão. Uma terceira seria transformá-lo num pregador fanático como os piores missionários.

Devo dizer, porém, que, apesar de procurar cuidadosamente essas deformações, não encontramos senão sintomas muito longínquos delas nos professores que conhecemos. É verdade que no plano econômico a evidente supremacia do professor bilíngue conduz a situações singulares. Só pelo fato de ser um empregado público ganhando um salário mensal fixo que, às vezes, é superior à renda monetária de todo o grupo, lhe permite dispor e usar de recursos relativamente grandes. Mas como, via de regra, não os usa para acumular bens, senão para aumentar seu próprio prestígio, fazer-se querido – e, inclusive, perdoado por sua riqueza – ela não parece muito inconveniente. O que observamos nesse campo foi a tendência de toda a gente esperar a ajuda do professor sempre que se necessitava de alguma coisa que devesse ser comprada, como ferramentas, remédios ou adornos. O professor, naturalmente, espera receber retribuições por esses favores. Por exemplo, que abram seu roçado enquanto ele cuida da escola e que lhe construam e conservem uma casa relativamente boa.

No plano do despotismo, apenas pude constatar situações em que, competindo com autoridades políticas hereditárias ou com os antigos líderes religiosos, o prestígio do professor os eclipsou. A maior deformação com que deparamos, decorrente daquela riqueza e desse poderio revestido de prestígio, consistia em converter o professor num sedutor irresistível, que se casava sucessivas vezes e, mesmo não casando, se exercia ativamente como varão. Conseguia isso tanto em razão da atratividade do poder e do êxito sobre as mulheres, como pela promessa de dádivas de quanta coisa bela e útil ele podia trazer do comércio para suas amigas. Esse donjuanismo de aldeia magoava muito aos homens e, em algumas tribos, também às velhas que vigiavam suas filhas e netas contra a amorosidade do professor.

O principal inconveniente que registramos com respeito à ação do professor bilíngue não concerne a ele em si, nem ao método pedagógico que usa, mas às circunstâncias em que, às vezes, atua. Com efeito, a grande expansão da educação bilíngue, no Peru, se deve ao Instituto Linguístico de Verão que, através de décadas de trabalho, estudou as línguas indígenas, preparou gramáticas e dicionários para, afinal, elaborar o material didático e treinar os professores bilíngues. Ocorre, entretanto, que utilizando a educação bilíngue como instrumento de catequese e no interesse desta, o ILV sectarizou sua atuação educativa, fazendo-a servir aos seus objetivos catequéticos que, talvez por isso mesmo, ele nunca deixou muito explícitos. O professor bilíngue, em consequência, apesar de ser um professor público, se viu engajado numa função de catequista e em oposição aos pregadores de outros credos.

Outro inconveniente, este mais grave e paradoxal, decorre do próprio êxito do Instituto Linguístico de Verão. Ultrapassando nos benefícios que levou aos índios – graças tanto à sua predisposição, como à riqueza de meios de ação assistencial de que dispõe – a tudo que fizeram as outras instituições que atuam junto deles – inclusive o próprio governo nacional – o ILV provocou um natural ressentimento que, às vezes, se tinge de uma odiosidade francamente injusta. Tanto mais porque os críticos dispostos a proscrever os linguistas-missionários do ILV não se preocupam em procurar substitutos para sua ação assistencial, predispondo-se, portanto, por ação ou omissão, a entregar os índios indefesos à exploração direta dos piores agentes da civilização.

Os problemas do ILV decorrem, também, do fato de ser uma organização norte-americana operada quase exclusivamente por estrangeiros, instalada na selva com um acampamento que parece luxuoso, quando comparado com o que há de melhor na região, e servido por vastos meios modernos de transporte e comunicação, o que acentua aquela animosidade e a colore com as iras da xenofobia. Essa animosidade aumentou nos últimos anos, e se alastrou por amplos setores oficiais de diversos países. Constatou-se que os índios selváticos se identificam muito mais com esses gringos – que falam suas línguas, convivem com eles nas suas aldeias e lhes prestam toda sorte de assistência – do que com qualquer instituição nacional, inclusive os governos.

Efetivamente, no caso de uma guerra mundial que abrangesse a Amazônia, essa organização ianque, com os conhecimentos e as equipes que detém privativamente, passaria a constituir um fator estratégico da maior importância. Como, felizmente, essa guerra amazônica e anti-ianque é improvável, aquela constatação intriga aos governos mas não os assusta nem os mobiliza a ponto de extinguir o Instituto. Lamentavelmente, não os move também para a ação mais sensata, que seria começar logo a trabalhar seriamente para fazer-se mais presente na selva e, sobretudo, para ganhar uma imagem mais simpática e generosa junto às populações silvícolas.

A ANTROPOLOGIA E OS ANTROPÓLOGOS

Cabe agora uma referência à Antropologia e aos antropólogos como protagonistas que somos do drama indígena. Para começar, devemos admitir que grandes são as nossas culpas e numerosas as responsabilidades pelas quais temos de responder, com respeito a nossa atuação sobre as populações indígenas.

Elas começam pelas próprias doutrinas concernentes às desigualdades das raças e à inferioridade dos mestiços e outras correspondentes com as quais a Antropologia europeia começou a sua carreira no século passado. É verdade que não foram essas teorias que provocaram o preconceito e a discriminação racial contra os indígenas. Mas refletindo-os e fundamentando-os em nome da ciência, essas doutrinas contribuíram tanto para agravar as suas manifestações, como para alienar gerações de intelectuais de países com grandes contingentes índios e negros que, tomando-as como ciência certa, se incapacitaram para compreender seus próprios povos e para admitir a capacidade dos mesmos para superar as situações de atraso em que se encontravam. É verdade que foi a própria Antropologia que nos livrou dessas doutrinas, substituindo-as por avaliações mais objetivas e explicativas das causas do atraso e da pobreza, delas excluindo a raça e a etnia, mas na história das ideias ficou a marca da vergonha.

Outra responsabilidade da Antropologia, que precisa também ser recordada, é sua vocação colonialística que permitiu a tantos antropólogos se dedicarem tão devotadamente seja a cooperar nas tarefas de criação, ampliação e consolidação de impérios pelo mundo afora; seja a assessorar programas nacionais de colonialismo interno e de assistencialismo comunitário destinados a dissuadir movimentos reivindicatórios das populações indígenas.

Não sei se também nas Américas os antropólogos chegaram alguma vez a comprometer-se com programas antirrevolucionários no corpo de ações de anti-insurgência como ocorreu no Vietnam. Mas o reacionarismo de tantos antropólogos cientificistas aí está a nos dizer que isto bem poderia ter sucedido e talvez até venha a suceder. Como supomos que nas próximas décadas se desencadearão grandes movimentos indígenas de libertação contra a opressão étnica, é necessário começar já a discutir estes problemas de ética da conduta científica.

Abrindo um debate sobre este tema, proponho que, desde já, nós, antropólogos, tomemos como premissa básica do nosso código ético o princípio de não admitir jamais que os resultados de nossos estudos sejam utilizados, sem nosso protesto e denúncia, para prejudicar, de qualquer forma, os grupos indígenas que estudamos.

Outro preceito desta ética poderia ser o reconhecimento de duas responsabilidades fundamentais do antropólogo. Primeiro, a de denunciar frente à opinião pública internacional cada atentado contra os grupos indígenas de que tenhamos conhecimento seguro, porque ela é a única força capaz de proteger os índios contra ações apoiadas pelos governos dos países em que eles vivem. Segundo, a de buscar formas de devolver aos índios e outras populações que estudamos aquela parte do conhecimento que deles alcançamos, que lhes possa ser útil em seus esforços para sair da situação dramática em que se encontram.

Uma terceira proposição poderia ser a de incluir na temática dos nossos estudos, com marca de prioridade, os problemas de sobrevivência, de libertação e de florescimento dos grupos indígenas.

É impossível evitar que alguns antropólogos atuem contra esses preceitos, como é impossível impedir que algum médico, por irresponsabilidade profissional, mate seus clientes. Mas é perfeitamente possível à nossa comunidade científica afirmar esses princípios, esperar fidelidade a eles e denunciar os casos de prevaricação, se possível no principal dos nossos encontros periódicos regulares, que é o Congresso Internacional de Americanistas.

Além dessas questões gerais de ética da conduta científica do antropólogo, outras mais corriqueiras, e por isso mesmo mais importantes, se ofereceram ao nosso exame e apreciação. Entre elas, o registro da conivência passiva dos antropólogos acadêmicos para com as forças e os interesses que mais prejudicam os índios. Ela se revela claramente no desprezo pelos temas sociais e humanos referentes aos problemas de sobrevivência das populações indígenas que, a seus olhos, comparecem como cientificamente irrelevantes por sua baixa capacidade explicativa em comparação, por exemplo, com as análises de parentesco. Ademais dessa relevância explicativa ser muito discutível, talvez ela não passe de uma alegação de antropólogos, cuja preocupação real é a de não parecerem contestatórios ou não entrarem em conflito com os governos e com as instituições que atuam junto às populações indígenas.

Essa conivência se denuncia também na postura frequente entre antropólogos acadêmicos de considerar o drama indígena como historicamente inexorável e, neste sentido, explicável pela interação de forças naturais inelutáveis. Atrás dessa atitude, o que existe é uma conivência ativa com as forças e interesses naturais (porque não são sobrenaturais), mas de caráter social e econômico que lucram muito concretamente ao negar aos índios a propriedade das terras de que necessitam e os outros singelos requisitos de sua sobrevivência e desenvolvimento.

A própria duração secular do drama indígena aí está a demonstrar que as etnias são entidades armadas de uma prodigiosa capacidade de resistência. Se os índios puderam enfrentar todas as pragas maiores da civilização – as guerras de extermínio, a escravidão, a deculturação compulsória, a contaminação propositada, a catequese fanática, o indigenismo assimilacionista – e sobreviver a elas conservando, todos eles, sua identificação étnica e, alguns deles, sua língua e os traços de cultura compatíveis com sua nova vida, não é de supor que no futuro – gozando de uma liberdade que jamais tiveram, donos do comando do seu próprio destino e em condições econômicas melhoradas – venham a perecer.

Tudo indica que as etnias sobreviverão a todas as instituições e estruturas sociais que conhecemos, inclusive às classes sociais e aos Estados que surgiram depois delas e, seguramente, desaparecerão primeiro.

Essas questões representam um repto de autossuperação para a Antropologia, que surgiu como um discurso ideológico de justificação da dominação do homem branco europeu sobre todos os demais, e cresceu com uma força auxiliar da opressão étnica; sempre tão inútil para os povos que estuda quanto de comprovada utilidade para os que os exploram e oprimem. É provável, porém, que tenha chegado, afinal, o tempo de contrapolitizar a Antropologia para que, libertada de sua servidão colonialista e de seu pendor classista, ela chegue a ser uma ciência socialmente responsável pelos usos do saber que produz e, como tal, a ciência dos homens e dos povos que foram, dos que são e dos que hão de ser, como concretização de projetos solidários de si mesmos.

ETNICIDADE, INDIGENATO E CAMPESINATO[*]

FUTURAS GUERRAS ÉTNICAS DA AMÉRICA LATINA

O que significa camponês e campesinato? O campesinato é uma condição humana de base socioecológica, ainda que, em geral, só o vejamos como uma carência. Fala-se frequentemente de camponeses como os que não são, os que não vivem nas cidades, os que não sabem, os que não usam sapatos, os analfabetos, os carentes, enfim. Nos últimos anos, porém, desde que as atenções dos estudiosos se concentraram em alguns grupos camponeses, começou-se a descobrir muitas novidades sobre eles. Principalmente que não são feitos só de carências, mas também de presenças. Sobretudo de uma presença humana, de uma singularidade e identidade que neles é peremptória, e que nos demais – em todos nós – desvaneceu. Visto dessa perspectiva, o homem da cidade e não o camponês é que deve ser olhado como o carente, como o homem genérico, sem características próprias permanentes que o singularizem, como um ser que ao destribalizar-se foi descaracterizado e despossuído de si mesmo.

O camponês, agora sabemos, é quem tem algo em comum, algo vetusto, como uma tradição mutável mas continuada. Um gênero de vida próprio, longamente conservado; um estilo peculiar de cultura que o torna identificável com todo outro camponês do mundo inteiro – apesar de todas as diferenças de caráter étnico-cultural – e o opõe aos não

---

[*]   Texto da introdução aos debates do *Seminário sobre Integração Camponesa* do 30º Congresso Internacional de Ciências Humanas, na Ásia, África e América, reunido no México, em setembro de 1976; revisto para ser lido na *Société des Americanistes de Paris* a 10 de maio de 1979.

camponeses porque urbanos, porque pastores, ou porque guerreiros de qualquer lugar e de qualquer época.

O camponês surge há uns seis mil anos, ali onde floresce originalmente a civilização. Nasce com a primeira sociedade humana que se estratifica em classes e se biparte em dois componentes opostos e antagônicos, mas complementares: um camponês, outro citadino. Assim é que a cidade recém--criada funda, simultaneamente, a civilização e o campesinato, ao isolar a minoria urbanizada da condição desde sempre comum a todos os seres humanos. Esses núcleos urbanos representariam, originalmente, uma percentagem muito pequena da sociedade global. Seriam, no máximo, 2% a 3%, compostos de guerreiros, comerciantes, artesãos e sacerdotes. Mas surgiam já armados de uma imensa potencialidade de concentrar poderio e crescer. Desde então, eles têm voz cantante na sociedade bipartida, mas mutual e reciprocamente interdependente. O camponês é seu alterno e sua vítima.

A gente urbana, isolada e diferenciada dos que produzem alimentos, oferece ao campesinato principalmente segurança física (com seus guerreiros) e segurança psíquica (através dos seus sacerdotes), estabelecendo formas de intercâmbio crescentemente desiguais. Sua força advém do poder político que detém e da dominação classista que exerce, para obrigar os camponeses a trocar bens concretos de subsistência, que só eles produzem, por promessas de segurança e de salvação, debaixo da ameaça de guerras e chacinas.

Foi nessas bases que, ao longo de milênios, se desenvolveram a condição camponesa e a citadina, paralelamente, como o substrato mesmo de todas as civilizações que, em uma concentrava o tradicional e o folclórico, e em outra o erudito e o técnico. Uma retinha o culto da paz, da cordura, da poupança; a outra, o sentido da glória, da exaltação, da suntuosidade. A interação dialética desses componentes antagônicos gera energias que levam adiante os processos civilizatórios.

O assinalável, do ponto de vista da integração étnica, é que a condição camponesa, permitindo aos homens conservar por longos períodos as suas tradições, preservava as suas caras humanas ou étnicas originais. Nas cidades, ao contrário, os conquistadores se sucedem, as novidades difundem-se rapidamente, tudo muda, não raro a própria identificação étnica da população. De fato, isso não importa muito. Os senhores da cidade podem mudar porque os camponeses ali estão para preservar as normas da vida em seus modos de ser, e com elas as práticas que são fundamentais para a sobrevivência de todos. Os citadinos podem, inclusive, fracassar – como fracassam tão frequentemente, com as cidades incendiadas, saqueadas – porque os camponeses, produtores de alimentos, continuam sendo os sustentáculos da vida e as matrizes onde as cidades nascentes vão buscar novos contingentes humanos.

No fundo de todas as mudanças, o que permanece estável é a alternidade: citadino *versus* camponês.

CIVILIZAÇÃO E UNIFORMIDADE

Apesar das revoluções tecnológicas[*] e dos processos civilizatórios cada vez mais complexos que ativam e convulsionam as civilizações, os camponeses continuaram sua existência sem grandes alterações ao longo dos milênios. Assim foi, até que se produziu e amadureceu a Revolução Mercantil no século XVI. Entre os desastres que ela provocou por toda a Terra, ao desfazer o mundo cultural múltiplo de então para refazê-lo como um mundo só, um dos maiores foi iniciar a

---

[*] Discutimos as revoluções tecnológicas em *O processo civilizatório*.

incorporação da humanidade inteira em um único sistema econômico interativo e interdependente, fundado numa mesma força de trabalho distribuída por todos os continentes. A criação e o funcionamento desse sistema se viabiliza pela destruição das bases das civilizações autônomas que floresciam, então, fora da Europa; a fim de conscrever seus trabalhadores e com eles os povos tribais para o papel de proletariados externos das novas metrópoles europeias na condição de escravos modernos.

Com efeito, nos últimos séculos, forçada primeiro pela Revolução Mercantil e, posteriormente, pela Revolução Industrial, a humanidade viu suas caras étnicas – encarnadas em mais de dez mil povos – reduzirem-se a menos de duas mil. O mais grave é que umas poucas delas – as nacionalidades europeias que impuseram sua hegemonia ao mundo – cresceram tanto em gentes a elas integradas na forma de macroetnias e em territórios de dominação nacional ou imperialista, que englobaram debaixo de seu poderio a quase totalidade da humanidade, compelindo todos os povos à europeização compulsória. Nunca o fenômeno humano foi tão severamente empobrecido e degradado. Em certos momentos parecia que todas as faces do humano seriam apagadas para só deixar florescer as brancas, europeias e cristãs.

Uma outra transformação capital decorrente dessas duas revoluções tecnológicas, mas enormemente acentuada pela Revolução Industrial, foi a obsolescência do campesinato. De histórico e antigo mas insubstituível, o camponês foi passando a ser obsoleto e até dispensável. A civilização podia, doravante, passar sem camponeses.

Na Inglaterra, onde o processo desencadeou-se precocemente, os camponeses começaram cedo a diminuir em número e em percentual até chegarem a ser, na atualidade, apenas 4% da população ativa; nos Estados Unidos, pouco excedem de 7% os responsáveis pela maior produção agrícola do mundo. Além de reduzidos, eles foram sendo radicalmente transfigurados. Tanto que os novos trabalhadores rurais ingleses ou norte-americanos têm pouco ou nada em comum com o antigo camponês. Em seu modo de ser, de pensar e de atuar, eles estão mais próximos dos citadinos de seus países que de qualquer campesinato histórico. Na verdade, em todos os países que estão na vanguarda da civilização industrial, já não existem campesinatos propriamente ditos.

No século passado, quando esse processo começava a se tornar visível, Marx – que assistia a desagregação do campesinato – previu o seu desaparecimento juntamente com outras classes da sociedade, em um processo geral de proletarização, que a todos converteria em operários assalariados. O que significaria essa proletarização? No plano ideológico, e com respeito aos camponeses, era a perda da autoimagem de gentes singulares, sua deculturação. A perda do ser, pelo velho processo de desfazimento étnico, agora se generalizava à totalidade da população incorporada à civilização industrial. Desde sempre o camponês eslavo levado da sociedade romana como escravo – ou qualquer outro camponês escravo – se via convertido numa mera força de trabalho sem língua, nem costumes, nem vontade própria. Desvestidos de si, despersonalizados de suas características culturais, eles podiam ser transfigurados etnicamente – de eslavos a latinos – por exemplo. Entretanto, se não se urbanizavam nem se viam incorporados a um latifúndio mercantil, permaneciam camponeses. Multidões deles, inclusive, depois de desfeitos se refizeram como camponeses no curso de processos de regressão feudal que, ruralizando-os novamente, lhes permitiu reorganizar a vida aldeã.

Isso não ocorreu, porém, com as massas de milhões de africanos trazidos à América como escravos ou com os índios destribalizados e conscritos na força de trabalho dos engenhos e das minas, na condição de mera força energética. Estes, ainda quando permaneciam rurícolas, já não eram propriamente camponeses não só porque haviam perdido suas caras étnicas originais mas também porque jamais puderam voltar a produzir o que consumiam, nem a viver comunitariamente para si próprios. Convertidos em força de trabalho escrava ou alugada, viviam o destino de mercadorias humanas deculturadas. Seu descendente é aquele que não sabe o nome da terra em que pisa, das árvores que vê, dos pássaros que o assustam. Por longo tempo será o desenraizado, o que não é daqui. Não só porque veio de fora, mas porque já não é de parte alguma.

Ao contrário, aquele que permanece camponês continua capaz de ler nas fases da lua, na cor das ervas, com uma sabedoria profunda e antiga, plena de detalhes e só equiparável ao saber dos sábios mais sábios. Ao longo desse processo lentíssimo, penosíssimo, os desenraizados vão sendo convertidos em homens tábua rasa, deserdados de seu bem maior que é a inteligência de si mesmos, sua sabedoria do mundo. Finalmente, perdem até mesmo a confiança na capacidade de compreensão de sua própria inteligência.

Na minha experiência de antropólogo, convivendo longamente com grupos indígenas, tenho ouvido deles, muitas vezes, perguntas como estas:

– Quem é dono do aço? – Qual é o amo do sal? – Quem faz os fósforos?

O indígena silvícola, cheio de curiosidade, perguntador, assim é porque confia em sua própria mente; porque não foi degradado e desumanizado pela estratificação social. Quer saber as coisas porque a sua curiosidade está fresca. O operário, desfeito pela mó da estratificação social, ou o trabalhador ex-escravo, nunca perguntam nada. Eles sabem que a ciência é coisa de doutores e atuam como quem sabe que não sabe e está conformado, senão contente com isso. Para eles, o saber é atributo dos senhores, como uma regalia a mais que os ricos se dão. Por isso mesmo, os caboclos que me acompanhavam naquelas expedições etnológicas nunca ficavam ali escutando minhas explicações. Achavam que era uma ingenuidade dos índios esperar que eu lhes desse o meu saber.

Efetivamente, o camponês isolado que participa, atualiza e pratica uma tradição antiga sempre assentado no mesmo sítio, ainda que situado em um estrato de classe de uma sociedade compósita, está mais próximo do indígena, como entidade étnica, do que o trabalhador alienado pela estratificação. Um e outro detêm algo dessa reserva humana essencial, depositada na gente obsoleta. Reserva perdida para nós, os que emergindo para a civilização − ao transitar da condição aldeã igualitária para as sociedades de classes e de massas; do universo tribal para o cívico; da cultura vulgar para a erudita −, nos vimos despojados dos atributos originais que nos faziam homens singularizados, homens inteiros.

DESINTEGRAÇÃO ÉTNICA

Com base nessas considerações, talvez possamos falar, agora, da integração e desintegração étnica que está em curso em nossos dias. É já evidente que as novas nações africanas e asiáticas que se estruturam agora a partir da tribalidade estão experimentando tardiamente um movimento de integração étnica correspondente ao que sucedeu nas Américas há vários séculos. Atingidas hoje pelos efeitos acumulativos de sucessivos processos civilizatórios já cumpridos em outras partes, elas se veem ameaçadas de sofrer o mesmo processo de compressão étnico − uniformizador. Ele não será tão opressivo e eficaz, porque já não se conta com as grandes armas de destruição étnica que são a escravidão pessoal e a brutalidade do poderio colonial. Mesmo assim, porém, isso se dará fatalmente, se o novo poder político em mão da camada nativa europeizada pelo colonizador, prosseguir na obra secular de ocidentalização compulsória dos seus povos. Se o seu projeto for levar adiante a destribalização e a deculturação dos seus povos com o objetivo de construir uma força de trabalho e um mercado integrado por gente que aparente ser uma nação modernosa. O certo é que todos esses Povos Emergentes da África e da Ásia estão desafiados a encontrar novas vias de passagem da tribalidade à civilização que permitam conciliar as vantagens de contar-se com uma língua comum e de generalizar o acesso aos frutos da civilização com a preservação de suas caras étnicas, da singularidade e da criatividade dos seus componentes originais. As tentações da eficácia que aconselham a acelerar o processo de desintegração étnica atada a uma modernização compulsória bem podem conduzir também nessas áreas ao efeito oposto. Assim é porque nenhuma aceleração se logra de fato sem apelo a ações genocidas e fora das compressões etnocidas. E estas, hoje em dia, tendem a provocar revoltas que encontram enorme ressonância interna e até apoio internacional. Apenas tendem, lamentavelmente, o que ainda faz possível nos nossos dias, levar a cabo processos crus de desfazimento de povos para a produção de mais homens descaracterizados. Homens que não são frutos de si mesmos, de sua vontade, de suas aspirações, de sua própria história, porque são somente o produto residual de sua própria desumanização ocorrida ao acaso de um movimento civilizatório que os atingiu.

Simultaneamente, nas áreas onde aqueles processos uniformizadores atuaram precocemente, um outro efeito vem se fazendo visível desde algum tempo. É que o proletariado urbano começa a obsolescer. Tal como ocorreu antes ao campesinato, agora é o operariado que entra a declinar. Ao menos os operários fabris, cujo montante já não cresce como antes, e que já se converteram, de fato, em um componente minoritário da população ativa frente às legiões de trabalhadores do setor terciário.

Verifica-se assim que as revoluções tecnológicas que começaram por tornar obsoleto o campesinato – reduzindo-o de 80% a 10% da população ativa nos núcleos cêntricos, acabaram por fazer decrescer – nos núcleos cêntricos – o proletariado fabril que apenas logrou alcançar os 40%, para depois perder a condição de setor numericamente predominante da força de trabalho. Como paralelamente com esse processo de terceirização se dissolvem as singularidades culturais desses contingentes humanos por força da urbanização e da escolarização e de outros processos de modernização levando adiante sua homogeneização, está se produzindo mais homens genéricos cujas linguagens, habilidades, visões do mundo, formas de sociabilidade e de criatividade se uniformizam drasticamente.

Se tanto puderam as forças uniformizadoras das duas derradeiras revoluções tecnológicas, o que sucederá no decurso da nova que já está em marcha – Revolução Termonuclear – com seu poder ainda maior de desfazer e refazer as sociedades e as culturas?

Uma de suas tendências evidentes é a de conduzir a uma homogeneização ainda maior, ao generalizar a todas as sociedades humanas a mesma tecnologia de produção, as mesmas formas de organização social e iguais corpos de explicação do mundo, difundindo-os ecumenicamente. Para onde levará esse processo? Nosso futuro será o de uma humanidade monotonamente uniforme na cultura, no saber e nas artes? Ou, o que é pior, toda a humanidade europeizada na língua, nos costumes, nas cobiças e nas fobias?

Muitas evidências pareciam apontar para esse vaticínio. Tantas, que os antropólogos mais lúcidos temiam ver as poucas caras étnicas hoje sobreviventes no mundo, drasticamente reduzidas pelo poder homogeneizador enormemente maior da civilização emergente, tornando fatal uma uniformização intensificada de toda a humanidade.

Seu efeito mais terrível será colocar todas as esperanças e potencialidades dos homens em um número cada vez mais reduzido de formas, com risco evidente de um desastre. No passado, cem, mil, ou cinco mil das dez mil etnias, podiam fracassar porque sobreviveriam sempre milhares delas que, ao se salvarem, garantiam a sobrevivência do humano. Depois do último meio milênio, a dominação europeia desfazendo povos com uma eficácia destrutiva sem paralelo atuou como uma peste que parecia destinada a reduzir todos os povos do mundo a uma meia dúzia de variantes da mesma pauta. Agora, armado com prodigiosos meios de comunicação de massa, com a promessa de uma língua comum, analógica, o processo civilizatório parecia querer jogar todo o destino humano numa volta de roleta.

NOVAS PERSPECTIVAS

Nos últimos anos, porém, verificamos que as coisas, na verdade, não são tão trágicas. Começa já a ficar evidente que as forças homogeneizadoras não são nem fatais, nem tão drasticamente compulsórias como pareciam. Isso se faz visível quando atentamos para duas perspectivas que se abrem à nossa frente. Uma, macroscópica, desvendada pelos chineses; outra, microscópica, vivenciada pelo alçamento das minorias étnicas do mundo inteiro.

A esta nova luz começamos a perceber que a homogeneização cultural não se dá em toda parte, nem com toda gente no mesmo ritmo e com igual radicalidade. Aparentemente, na Inglaterra e em outros países cêntricos, o processo assumiu um caráter sobremodo violento e acelerado porque esses países, explorando os povos colonizados, puderam sustentar um processo intensivo de autotransformação que urbanizou quase totalmente as suas populações e atrelou toda ela ao estilo de vida da civilização industrial. Não é provável que aconteça o mesmo em toda parte. Na própria Inglaterra houve exceções. É visível que seu êxito uniformizante foi muito mais forte nas áreas para onde se trasladou – como para a América do Norte e a Austrália – que nas próprias Ilhas Britânicas. Lá, estão os galeses, afirmando sua singularidade. Sua existência não só afirma uma possibilidade de êxito na resistência étnica, como aponta um caminho de retorno, de reconstrução étnica, possível senão aos próprios ingleses totalmente destribalizados, a muita gente mais que conserva, ainda, em qualquer parte da Terra, sua própria cara e com ela enfrenta as forças uniformizadoras da civilização ocidental.

Creio que uma das descobertas importantes dos últimos anos nesse campo é que a evolução humana não implica numa ocidentalização compulsória do homem, como se pensava. As bases materiais da civilização europeia – como as máquinas a vapor e os motores – são potencialidades humanas e não criaturas ocidentais ou cristãs como pareciam. Se não se desenvolvessem na Europa, surgiriam em outro contexto, porque representam apenas a concretização de alguma das escassas possibilidades da evolução técnica que se oferecem aos homens. Como tal, são conciliáveis com qualquer contexto étnico-cultural.

Graças a sua revolução socialista, os chineses estão incorporando a gasolina, a eletricidade e a energia nuclear à sua velha civilização, e, ao mesmo passo, afirmando mais a sua qualidade de chineses. Podem fazê-lo porque uma revolução social, devolvendo-lhes o comando autônomo de si mesmos, lhes permitiu tomar esses instrumentos da dominação imperialista externa e da exploração classista interna para convertê-los em forças de reconstrução da China, como um projeto dos próprios chineses e em benefício de seu povo. Essas potencialidades de aceleração histórica geradas pelo cruzamento de revoluções tecnológicas com revoluções sociais, estendendo-se à imensa massa de povos orientais, tendem a compor um novo mundo cuja característica principal não será a uniformidade mas a multiplicidade. Nele, a Europa estará reduzida ao minúsculo promontório asiático reclinado sobre a África que ela é. Mais Europa existirá no além-mar, nas áreas que ela invadiu, dominou e europeizou. Essa, porém, será uma europeidade não ocidental, tão mesclada no plano racial e tão refeita no cultural que os europeus propriamente não se reconhecerão nela. Muito mais gente, entretanto, existirá, fora desta esfera, realizando suas potencialidades a partir de múltiplas matrizes linguísticas e culturais.

A segunda descoberta de importância capital neste campo, também oposta à perspectiva de uma civilização humana inevitavelmente uniforme, vem dos movimentos de afirmação de singularidades étnicas orgulhosas de si mesmas. Eles eram imprevisíveis há poucas décadas; hoje se desencadeiam por todo o mundo na forma de ações irredentistas.

A verdade que de repente se desvenda aos nossos olhos é que os Estados nacionais, apesar de enormemente poderosos em tantos planos, já não têm a força compulsiva que exibiam no passado recente para impor a hegemonia do grupo étnico predominante. Esta debilitação do quadro nacional dentro do qual as minorias étnicas sofriam caladas a opressão que agora rechaçam com tanto alarde e vigor, lança luz sobre o que possa vir a suceder no futuro. Se a isso acrescentarmos que o poderio dos Estados como aparelhos de dominação classista parece tender ao declínio, ficará mais evidenciado que estamos diante de transformações de um novo tipo – não se muda já como soía – que anunciam um mundo novo dentro do qual não é impossível que floresçam as flores étnicas que não foram totalmente erradicadas. Vai ficando claro, desse modo, que chega ao fim tanto o velho processo de integração por europeização, como também o de uniformização compulsória por deculturação, para abrir espaço a uma humanidade múltipla.

REVIABILIZAÇÃO ÉTNICA

Até poucos anos atrás olhávamos muitos povos como se eles estivessem condenados a desaparecer, por inviáveis. Esse seria o caso de grupos tribais minúsculos, imersos dentro de grandes massas de população cuja cultura e cujos modos de vida eles são obrigados a adotar; ou de minorias étnicas que sobreviviam graças a um *modus vivendi* que apenas lhes deixa expressar-se na língua materna e no folclore; ou ainda, dos indigenatos camponeses das Américas, aparentemente compelidos à ocidentalização. Sucede, porém, que de repente esses povos começaram a reafirmar sua identidade étnica, orgulhosos dela e a reivindicar o comando autônomo do seu destino.

Na própria Europa, os flamengos jamais foram tão fanaticamente flamengos como na última década. Sua universidade de Louvain, depois de largas décadas de francofonia, que parecia natural e incontestável, começou a exigir que ali se dessem aulas em flamengo. Todos sabem que os alunos vão estudar e escrever suas provas em francês, mas exigem que as classes magistrais sejam ditadas em língua flamenga. O que significa isso? Essa exigência abrupta só se explica como uma reação tardia e amarga a humilhações e violências longamente suportadas, mas que já não têm força para impor-se. Um outro exemplo:

os bascos jamais se mostraram tão vigorosamente bascos como nos últimos anos. Antes, ser basco era um modo precário de ser gente, um modo infeliz. Hoje, é no tom mais altivo que um homem se afirma basco. Os bretões, por sua vez, jamais estiveram tão conscientes de seu valor e do bom que é ser bretão.

Essas e muitas outras novidades semelhantes que nos chegam pelos jornais falam de um movimento de rebeldia dos povos oprimidos como minorias étnicas dentro dos quadros nacionais construídos pela sociedade burguesa. Essa rebeldia posta em marcha, expandida, possibilitará, no futuro, aos povos que escaparam ao extermínio e à uniformização, e que por largo tempo pareciam condenados ao desaparecimento, sobreviver fortalecidos com suas caras étnicas singulares. Alçando-se, agora, contra seus opressores, eles nos estão mostrando o que tende a suceder, doravante, a centenas de outros povos oprimidos de toda a Terra assim que eles se forem despertando e ativando para suas próprias lutas de liberação.

Situação muito peculiar, singularíssima mesmo, é a das massas rurais dos países colonizados através do escravismo moderno. Ao contrário das comunidades camponesas arcaicas que, vivendo para si mesmas, lograram atravessar as civilizações conservando sua identidade, essas massas rurícolas se descaracterizaram totalmente. Falo de gentes como os lavradores brasileiros e os do Caribe, descendentes de índios e de africanos, destribalizados, que jamais chegaram a ser camponeses. Eram e são, tão somente, uma força de trabalho rural despojada de suas características étnicas singulares para constituir uma mera mão de obra destinada a produzir o que seus patrões quisessem, falando a língua do amo e comendo o que ele lhes destinasse. Sua função era produzir mercadorias; primeiro açúcar, depois ouro e logo café, quer dizer, produzir o que não comiam, com o fim de gerar lucros para seus senhores. Jamais puderam existir para si próprios, organizados como uma comunidade humana, cujo fim seja reproduzir-se a si mesma e se desenvolver. Eles eram e são tão somente um carvão humano, uma força energética pré- -industrial que se queimava e se queima nas fazendas dos engenhos e nas minas a serviço do mercado mundial.

A constituição desses *Povos-Novos* exigiu uma feroz violência desenraizadora que jamais ocorreu na Europa. A Inglaterra, por exemplo, conquistou todo mundo, mas não foi capaz ou não necessitou enredar os galeses, que resistiram e continuam resistindo ao desmembramento e à destruição ét- nica. A própria Espanha, que uniformizou todos os hispano- -americanos, dando-lhes um falar sem dialetos, e um vasto denominador comum de valores culturais, não logrou espa- nholizar os catalães nem os galegos e muito menos os bascos.

Enquanto os campesinatos arcaicos viviam sua própria existência segundo uma tradição milenar, reproduzindo-se iguais ou pouco alterados através de gerações, as massas rurí- colas deculturadas do Brasil, de Cuba, da Colômbia, construí- dos como proletariados coloniais da Europa, transfiguraram- -se radicalmente de negros tribais africanos, ou de indígenas silvícolas, em homens tábua rasa. Quer dizer, em homens deculturados de sua etnicidade própria, e homogeneizados como primeiras formas rudimentares do que virão a ser no futuro os *Povos-Novos*.[2] Seu ser era e é, todavia, o de gen- tes desfeitas, despojadas de si mesmas, hoje mais pobres e atrasadas culturalmente que qualquer um dos seus ancestrais europeus, africanos ou indígenas. Gentes que, não tendo pas- sado restaurável ao qual retornar, só podem estar abertas para aquele futuro em que se realizarão não como o resultado de

---

[2] Apresentamos os conceitos de Povos-Novos, Povos-Testemunho e Povos- -Emergentes em *As Américas e a civilização*.

sua história anterior mas como uma utopia voluntarista de sua própria edificação. Preservarão inevitavelmente a face étnica em que o colonizador os modelou; mas serão neoeuropeus tão refeitos pela mestiçagem e pela aculturação que não se reconhecerão e nem serão reconhecidos como tal.

É de assinalar, porém, que entre o seu ser degradado de agora e a realização de suas potencialidades, subsiste a necessidade histórica de uma revolução social que interrompa a continuidade secular de sua dominação colonial e neocolonial. Somente ela possibilitará a essas massas desumanizadas um acesso aos frutos da civilização como povos que existindo, afinal, para si mesmos possam utilizá-las para transcender da condição de proletariados externos a de povos autônomos, estruturados em comunidades humanas cujos objetivos sejam viver e melhorar a vida, e não simplesmente produzir mercadorias e gerar lucros.

REBELIÕES ÉTNICAS

Na amplitude do mundo extraeuropeu sobreviveram conservando suas caras étnicas e sua autoimagem grandes massas de povos remanescentes de antigas civilizações com as quais a Europa se chocou em sua expansão. Todos eles terrivelmente sacrificados, explorados, degradados e apodrecidos pela violência, pela cobiça, pela intolerância e pelas pestes do homem branco. Mas eles eram tantos que muitos sobreviveram formando, hoje, grandes blocos demográficos que, apesar de tudo, conservam suas próprias caras étnicas de chineses, de árabes, de indianos, de indonésios, de japoneses, de vietnamitas, de coreanos.

Outros sobreviveram em grupos menores, mas preservando, também eles, algo de si mesmos, como os quéchuas, os aimaras, os maias. Uns e outros configuram, atualmente, os

Povos-Testemunho, quer dizer, gentes que testemunham, com o que conservaram de si mesmos, o que foram enquanto altas civilizações do passado, e prefiguram o que serão no futuro. Seu destino é o de refazer-se a partir do que são, segundo seu próprio projeto de si mesmos, no curso das próximas décadas. Um dia, que não está longe, eles serão as formas alternativas da europeia, de realização das potencialidades da civilização futura.

Nas Américas, muito poucos povos conservaram algo de suas caras étnicas originais. Os poucos que as têm são induzidos a ver nelas, antes estigmas de sua decadência que signos de suas grandezas passadas. Sua figura racial, eles próprios tiveram que aprender a ver com olhos europeus como a imagem da fealdade. Seu patrimônio cultural é antes uma carapaça protetora contra a europeização do que uma sobrevivência de seus altos dias de gentes de uma civilização original e autônoma. Sua condição social é a de um indigenato camponês imerso no corpo de algumas sociedades nacionais latino-americanas na situação de estamentos oprimidos e superexplorados. Em algumas nações como a Guatemala e a Bolívia, eles formam a maioria da população; em outras, como o Peru, Equador e México, somam milhões que formam a maioria da população de extensas regiões. Uns e outros, dominados, explorados até limites extremos, mas todos eles começando a levantar suas cabeças, ameaçando alçar-se à medida que tomam consciência de si mesmos como povos, e do caráter violento e desnecessário da opressão secular de que são vítimas.

Eles vivem hoje o trânsito entre sua condição presente de *Povos-Testemunho* e sua condição futura de *Povos-Emergentes*. Essa é, porém, apenas uma virtualidade que deve realizar-se dificultosamente, enfrentando como obstáculos o próprio submetimento e a consequente alienação imposta pelos seus opressores ao longo dos séculos. Como o drama de sua sobrevivência foi mais prolongado e mais brutal que o dos flamengos ou o dos bascos, por exemplo, é de supor que maiores sejam as forças irruptivas desencadeadas por sua insurgência quando ela, afinal, eclodir.

A condição de *Povos-Emergentes* só se aplica, provavelmente, aos indigenatos de uma dúzia de etnias que contam com populações superiores a cem mil pessoas. Entretanto, a imensa maioria dos grupos indígenas é formada por grupos de tribos que, somando de algumas dezenas a poucos milhares de pessoas, representam contingentes populacionais medíocres. Aqueles poucos grupos indígenas que contam com grandes montantes populacionais, representando embora apenas 1% do total das tribos das Américas, englobam mais de 90% da população indígena. Seu montante, hoje em dia, não será muito superior a vinte milhões. Um número muito pequeno se comparado com os 500 milhões de neoamericanos, mas ainda assim muito ponderável. Estes são, entre nós, os correspondentes aos enclaves étnicos que se alçam pelo mundo em busca de saídas que lhes permitam refazer-se com liberdade e dignidade na futura civilização.

Mas, que sucederá com as microetnias que também se alçam, lutando pelo autocomando do seu destino? Há ainda quem espere e confie que elas venham a dissolver-se por assimilação no conjunto da população nacional como gente indistinguível das demais. Os que alimentam, ainda, esses projetos ocidentalistas, não devem esquecer que os indígenas sobreviventes nas Américas são gentes que de algum modo resistiram à brutalidade compulsiva da civilização europeia ao longo dos séculos. Contra eles foram utilizadas todas as armas de extermínio, de desenraizamento e de degradação nas guerras de extermínio mais cruéis e nos atos de genocídio mais espantosos que registra a história humana. A escravidão, posteriormente, consumiu milhões de indígenas nas minas e nas plantações. A erradicação dos líderes eruditos, dos artistas e dos técnicos que deram voz e figura à civilização, os deixou em estado de orfandade cultural por longos períodos. A catequese, atuando brutal e sutilmente segundo fosse mais eficaz, buscou perseverantemente romper os cristais de seu espírito, obscurecendo-o. As pestes europeias apodreceram seus corpos, muitas vezes através de campanhas propositais de contaminação, provocando depopulações espantosas. Finalmente, o indigenismo, falando de amparo e igualdade, representou outro flagelo que através de diversas formas de pressão, nominalmente persuasórias, mas também violentas, procurava forçar os indígenas a abandonar a teimosia de serem indígenas.

Podendo usar e usando sem limitações essas armas de europeização, o conquistador não conseguiu avassalar completamente e anular totalmente a identificação étnica dos quechuas, dos aimaras, dos maias, dos mapuches, dos zapotecas, dos otomis. Não tiveram êxito, nem mesmo junto às microetnias tribais que, apesar de avassaladas e até mesmo quando totalmente aculturadas, continuam identificando-se como indígenas. Como esperar que sem apelo à violência se consiga uma assimilação que com a maior violência não foi lograda? A história proscreveu, provavelmente para sempre, as formas mais cruas de genocídio e de etnocídio para o extermínio e repressão das populações indígenas. Seria preciso apelar para outras. Quais? Alguns põem esperanças de ver suas sociedades finalmente homogeneizadas em procedimentos sutis de caráter protecionista, como um neoindigenismo bilíngue e ainda mais insidioso. Outros confiam em certos processos sociais que, uma vez generalizados em seus países, promoveriam a homogeneização europeizadora. Suas esperanças se assentam principalmente na força uniformizadora que se vislumbra nos processos de urbanização e de industrialização e na consequente modernização que quiçá logrem uma desindianização eficaz.

É duvidoso, entretanto, que consigam êxito. E aí estão os galeses, os flamengos, os bascos, para prová-lo, todos urbanizados e modernizados, mas donos da autoidentificação étnica que os faz sentirem-se tanto mais contentes de si próprios quanto mais distintos são de todos os demais. É de supor que o mesmo sucederá aos grupos étnicos das Américas, sobretudo os indigenatos que contam com altos montantes populacionais.

Uma vez liberados da opressão representada pela expectativa de assimilação dos Estados nacionais e por todas as formas de repressão – educativa, paternalista, etc., posta a seu serviço –, eles emergirão para as tarefas de reconstrução de si mesmos como povos que, afinal, existam para si próprios.

AS FUTURAS GUERRAS ÉTNICAS

Focalizando esses movimentos de rebeldia étnica, falo de coisas óbvias ou ao menos de fatos que a todos parecerão evidentes. Assim é agora sem dúvida. Até pouco tempo atrás, porém, ninguém o sabia e nenhum de nós o poderia suspeitar. Essa obviedade abruptamente revelada indica, por um lado, que estamos frente a uma ampliação da consciência possível que de um momento para o outro eleva nosso horizonte de percepção, deixando ver claramente perspectivas antes esfumadas ou invisíveis. Com efeito, todos supúnhamos que o processo de integração das populações indígenas na economia e na sociedade envolvente, acompanhado de sua aculturação intensiva, ainda que não conduzisse a uma assimilação completa que os fizesse indistinguíveis dos demais membros da sociedade nacional, também não conduziria a esforços exitosos de autoidentificação, e sobretudo, de reconstrução étnica.

Muitos estudiosos afirmavam inclusive que sendo os indigenatos, em essência, um campesinato oprimido pelos latifundiários, uma vez liberados por uma revolução agrária, desapareceriam como camponeses superexplorados, e, *ipso facto*, também como indígenas arcaicos.

Hoje é evidente para todos que essas massas indígenas que são o campesinato das nações em que vivem – ou a maior parte dele – não são apenas isso. Além da condição camponesa, eles estão revestidos de uma condição étnica anterior à estratificação, e que não é redutível por reformas sociais, por mais profundas que estas sejam. É até provável que qualquer reforma, na medida em que seja efetivamente libertadora, venha reforçar mais que debilitar a identificação étnica, dando-lhe condições de expressar-se melhor e de lutar mais eficazmente por seus objetivos.

A antiga confusão de indigenato e campesinato, ou de etnia e classe, era oriunda de um enfoque supostamente marxista porque fundado na noção de que a luta de classes seria o único motor da história. Essa abordagem desconhecia, porém, o fato de que as etnias e os conflitos interétnicos são muito anteriores às classes, uma vez que as sociedades estratificadas terão, no máximo, seis mil anos de existência, e as etnias vêm de tempos imemoriais. Acresce ainda que, além de anteriores, não é impossível que as etnias sobrevivam às classes, porque dessas se vaticina e almeja que desaparecerão prontamente, mas estamos vendo que muitas caras étnicas singulares prometem sobreviver na futura civilização. Tudo isso significa que os conflitos interétnicos e as lutas de emancipação nacional merecem mais atenção do que tiveram até agora dos teóricos do fenômeno humano.

Necessitamos urgentemente de uma compreensão mais ampla dos processos de transfiguração étnica para entender o que está ocorrendo no mundo e nas Américas. Os conflitos que começam a espocar em nações como a Guatemala, a Bolívia, o Peru e o México – os *Povos-Testemunho* da América – só são inteligíveis se se considerar que todas elas, embora sendo sociedades multiétnicas, se estruturam como Estados uninacionais, o que implica no exercício de uma violenta opressão étnica da camada mestiça e espanholizada, sobre as massas indígenas que representam a imensa maioria da população. Uma situação assim conduz a conflitos que por ora se mascaram sob diversas formas de resistência, mas que podem e até tendem a explodir amanhã em guerras étnicas. Estas seriam verdadeiras guerras raciais, mais insuportáveis que quaisquer outras, pela terrível violência que poderão desencadear.

A história de cada país americano registra, no passado, guerras étnicas levadas a cabo como terríveis operações genocidas às quais se seguiram longos períodos de opressão etnocida. Foi através desses procedimentos que se exterminou ou se reduziu substancialmente as populações indígenas originais, para dar lugar às novas etnias nacionais americanas. O que antevemos agora, porém, não é apenas uma ameaça de retorno a essas práticas genocidas. É, sobretudo, que a expansão dos movimentos de liberação étnica que já estão eclodindo por todo o continente venha a convulsionar vastas áreas dos países onde mais se concentram populações indígenas, sobretudo os indigenatos camponeses, criando uma situação de guerra fratricida sem saída previsível. Situação semelhante foi vivida pelos mapuche, lutando durante séculos contra a opressão dos espanhóis e dos chilenos sem possibilidade de ganhar ou de perder a guerra, nem de fazer a paz.

Há uns poucos anos esses riscos eram apenas visíveis. Hoje em dia, eles são evidentes. Será isso suficiente para que as nações americanas configuradas historicamente como *Povos--Testemunho* reconheçam afinal sua natureza de sociedade multiétnica e o caráter opressivo de sua forma unitarista de organização nacional? Com esse reconhecimento se tornaria evidente, por si mesma, a violência que reside em sua estruturação atual de modelo hispânico. Se ela já fez tantos danos à Espanha, provocando e mantendo tensões interétnicas às vezes terríveis, nas Américas poderão assumir um caráter ainda mais violento.

É muito provável que essa ameaça do desencadeamento de guerras étnicas possa ser evitada através da adoção de um novo modelo institucional para a organização dos Estados nacionais dos *Povos-Testemunho*. Sua estruturação presente inspira-se no modelo hispânico que, sendo unitário, supõe um esforço permanente no sentido de subjugar e assimilar em algum tempo todos os seus componentes. A adoção de um modelo aberto como o suíço ou o soviético que possibilitasse a coexistência dos distintos povos dentro de uma sociedade multiétnica dentro de um quadro multinacional poderia oferecer alguma perspectiva de paz.

Ao contrário, a manutenção do modelo institucional presente, visando preservar as nacionalidades atuais, pode produzir exatamente o efeito oposto, ou seja, a ruptura de todo o quadro nacional nas áreas onde mais se concentram os indigenatos camponeses. Assim é porque, para tanto, se deveria não somente perpetuar a opressão presente como acrescentar a ela novas formas de violência tendentes a se aprofundarem, na medida em que as tensões interétnicas principiem a irromper com mais vigor. Disso resultaria precisamente a quebra dos quadros nacionais que tanto e tão mal se quereria perpetuar.

Conclui-se de tudo isso que, também em alguns países das Américas, está alcançando seus limites de sobrevivência o Estado nacional organizado pelas classes dominantes depois da independência, como o projeto de sua própria prosperidade. Efetivamente, tal como sucedeu na era colonial, também na fase autônoma, a prosperidade crioula fundou-se na superexploração do estamento indígena, o que só se pôde lograr mediante a mais brutal opressão étnica. A história passada desses povos é o desenvolvimento desses antagonismos que a uma exploração classista exacerbada acresce uma dominação étnica opressiva que tanto a disfarça como a agrava.

Cento e cinquenta anos depois, tanto a acumulação de tensões sociais internas (do tipo que se buscou em vão resolver através da reforma agrária) como os efeitos da modernização (que, mesmo reflexa, afetou também ao indigenato) fizeram surgir lideranças indígenas novas, cada vez mais reivindicativas e cujo papel histórico é o de lutar por uma reconstrução do quadro nacional. Reconstrução esta que permita à sociedade real, multiétnica, a única integração possível de seus diversos componentes, que é a de assumir, no institucional, um caráter abertamente multinacional. Só por esse caminho se abrirá uma via para aplicar, em um projeto comum de construção de uma sociedade solidária, as energias que se desgastam há séculos nas tensões interétnicas. Isso significa que esses países, além das tensões das revoluções classistas, se enfrentam com as pressões da luta de emancipação étnica que, somadas, bem podem convulsionar toda a sua vida social, dificultando extremamente a solução de seus problemas.

Cabem aqui, para finalizar, duas ponderações. Primeiro, a de que é muito improvável que nos *Povos-Testemunho* das Américas, por exceção às classes dominantes, aceitem pacificamente a ordem de reconstrução nacional requerida para a libertação de seus indigenatos etnicamente oprimidos, que são também os contingentes principais de suas classes socialmente exploradas. A solução de conflitos dessa natureza, se chega a dar-se, ocorre pelas vias e sob os fogos da revolução social que, no caso, terá as cores e a gravidade das guerras étnicas de libertação nacional. Segundo, a que é igualmente improvável que as tensões interétnicas venham a atuar como energia impulsora da revolução social. Para tanto seria necessário que as lideranças revolucionárias tivessem plena consciência do quadro em que operam e uma extraordinária habilidade para somar as reivindicações sociais às de liberação étnica. O que tende a ocorrer, temo muito, porque sempre foi assim no passado, é que as velhas classes dominantes latino-americanas manipulem essas tensões para perpetuar sua hegemonia. Sua predisposição evidente é deixar sangrar seus povos para reter um poderio obsoleto e infecundo cuja manutenção só é viável pela repressão.

UM MINISTRO AGRIDE OS ÍNDIOS[*]

O Ministro Rangel Reis declarou à imprensa que pretende processar-me através do Procurador-Geral da República, em razão de minhas declarações em defesa dos índios na última reunião da SBPC, em São Paulo. Quero dar aqui maiores elementos e razões ao ministro para processar-me ou – o que seria melhor – para que se capacite do triste papel que está fazendo e volte atrás.

Ninguém pode duvidar de que eu não tenha nada contra nem a favor do Senhor Rangel Reis, que eu nem conheço. Tenho, porém, todas as razões para me opor energicamente à ação nefasta do Ministro Rangel Reis, que se serve dos poderes do Estado para agredir e hostilizar aos mais desamparados e carentes dos brasileiros, que são os índios. Penso mesmo que cada um de nós deveria, se pudesse, processar o Ministro Rangel Reis, pelo menos junto à opinião pública, por infidelidade às nossas tradições indigenistas. O Ministro Rangel Reis é hoje, no Brasil, uma espécie de anti-Rondon. Como tal, em lugar de colocar o Estado ao lado dos desamparados e oprimidos que são os índios, se põe na defesa dos tantos inimigos particulares que os índios têm em quantos invadem seus territórios, desrespeitam suas comunidades e cobiçam suas terras.

RANGEL: INIMIGO PÚBLICO DOS ÍNDIOS

O Ministro Rangel Reis é, hoje em dia, sem sombra de dúvida, o inimigo público n$\underline{o}$ 1 dos índios do Brasil. Aliás, ele faz jus a esse título há muito tempo. Pelo menos, desde a sua

---

[*] Texto gravado da entrevista coletiva à imprensa, dada no Rio de Janeiro, a 27 de julho de 1978.

posse, quando começou a firmar doutrina anti-indigenista com uma desfaçatez que faria vergonha a qualquer pessoa preocupada com valores humanísticos. Com efeito, logo depois de assumir o Ministério do Interior, ele declarou que dentro de vinte anos não existirão mais índios no Brasil. Provocou, com essa afirmação intempestiva, um grande escândalo na opinião nacional e internacional, que indagava como acabariam os índios e se a intenção governamental era exterminá-los.

Mais tarde, o mesmo Ministro afirmou, também com grande repercussão na imprensa que, ainda durante o atual governo, as reservas indígenas brasileiras seriam extintas. Também, então, o escândalo foi grande no Brasil e lá fora. Perguntavam todos se a intenção ministerial era tirar dos índios a posse das terras que eles ocupam e que são indispensáveis à sua sobrevivência; se ele não buscava, dessa forma, acabar com as próprias comunidades indígenas. Como era inevitável, essa proposição foi interpretada como uma política etnocida, ou seja, de destruição propositada das comunidades indígenas pela negação das suas condições mínimas de sobrevivência.

Agora, o Ministro Rangel Reis reafirma suas posturas anti-indigenistas com o maior estardalhaço. Ameaça, nada mais nada menos, do que fazer o Presidente da República firmar o *Decreto Rangel Reis*, que regulamentaria a emancipação das comunidades indígenas.

A afirmação requer esclarecimentos porque emancipação, para muita gente, significa liberdade, alforria. Quererá o ministro alforriar os índios de tantas servidões que pesam sobre eles? Quererá o ministro libertar os índios de todos os que os acossam, os prejudicam e querem usurpar seus bens? Não. Aparentemente, a expressão *emancipar* é usada pelo ministro com o propósito exatamente contrário. A emancipação dos índios da tutela orfanológica do Estado, tal como está sendo projetada pelo ministro – e tal como se expressa na minuta do referido decreto – representaria nada menos do que conduzir os índios compulsoriamente à condição de completa orfandade. Eles seriam, doravante, órfãos também da proteção que lhes devem os poderes públicos.

Frente a essas posturas de sua excelência, o sr. Ministro do Interior, todos nos perguntamos por que tamanha animosidade contra os índios? Qual é a raiz dessa predisposição tão firme e reiterada de hostilizá-los, que já inquieta e assusta a todas as tribos indígenas que estão em contato com a civilização? São inúmeras as declarações que conseguiram chegar à imprensa, sobre a inquietação que lavra pelas aldeias. Nós, antropólogos, missionários, indigenistas, que temos contato direto ou indireto com os índios, estamos escutando frequentemente as vozes angustiadas dessa inquietação. Os índios se perguntam: – O que é isso de nos emancipar? Que pretendem com isso? Suspeitam que atrás disso esteja uma outra tentativa de esbulho e de usurpação do pouco que lhes resta.

Todos nos esforçamos em vão para interpretar as motivações do sr. Rangel Reis. Qual é a raiz dessa sua predisposição anti-indigenista tão firmemente defendida e tão escandalosamente proclamada? Uma causa frequente de animosidade aos índios – não digo que do ministro, mas que se encontra por aí – se assenta numa espécie de complexo de inferioridade daqueles idiotas que se envergonham muito de serem nativos de um país tropical que tem cobras, feras e índios. São os mesmos que não gostam dos negros, nem dos mulatos. Estará nesse caso o Ministro Rangel Reis? É impossível que esteja! Como um homem informado, ele deve saber que os Estados Unidos têm cerca de 2 milhões de índios (700 mil deles vivendo em reservas), enquanto nós nem chegamos a ter 200 mil. Por que tanta vergonha de ter índios?

Outra causa frequente da hostilidade aos índios reside na ideia estapafúrdia de que eles sejam um obstáculo ao progresso. Essa opinião tão repetida não resiste, porém, à menor crítica. Os índios são tão poucos em relação à massa da população brasileira de 120 milhões de habitantes que, suceda o que lhes suceda, eles já não afetam o destino nacional, nem atingem ao "milagroso" progresso nacional. Em séculos passados, quando os índios eram 5 milhões, qualquer ação indígena hostil à civilização podia torná-la impraticável. Já em 1800, quando os brasileiros eram 2 milhões e os índios 1 milhão, lhes era improvável opor resistência séria à expansão civilizatória. Hoje em dia, essa oposição é totalmente impossível. Os índios afetam, e afetam profundamente é à honra nacional. O que façamos com eles – sobretudo, o que façamos contra eles – o faremos frente a uma opinião pública mundial, acesa e desperta para esse problema, profundamente preocupada com ele. Essa preocupação se expressa hoje em reuniões e assembleias de vários órgãos das Nações Unidas, e se espelha na imprensa do mundo inteiro. Isso significa que as ações do sr. Rangel Reis, Ministro do Interior, não repercutem apenas nas aldeias perdidas do interior do Brasil, ou nos toldos desses pobres índios que vivem ilhados em meio à sociedade nacional. Elas repercutem nas maiores capitais do mundo, onde multidões se perguntam se o povo brasileiro não tem dignidade suficiente para assegurar aquele mínimo de que necessita essa parcela ínfima da sua população e que pede tão pouco.

Se nós tivéssemos dado aos índios do Brasil terras proporcionais àquelas que foram garantidas pelos governos dos Estados Unidos da América do Norte, os índios teriam, no

Brasil, territórios que somariam uma área muito superior à do estado de São Paulo. Na verdade, todas as terras indígenas do Brasil somadas, talvez não alcançassem um décimo daquela área. Ou seja, nossos índios são muito menos numerosos que nos Estados Unidos, e têm uma parcela muito menor do território nacional. Comparações desse tipo, com respeito aos Estados Unidos ou ao Canadá, se fazem no mundo inteiro, por uma opinião pública atenta a cada ato que possa ser considerado como *etnocidiário*. Quer dizer, hostil à comunidade indígena e negatório de seu direito de viver segundo seus costumes ou de mudar a seu próprio ritmo, sem sofrer vexames, compulsões, nem opressões. Ou, o que é mais grave ainda: ações que possam ser consideradas como *genocidas*, no sentido de retirar às populações indígenas ou a qualquer grupo indígena tomado em particular, aqueles requisitos mínimos indispensáveis à sua sobrevivência.

A POLÍTICA ANTI-INDIGENISTA DE RANGEL

A raiz da animosidade ministerial aos índios reside, segundo suas reiteradas declarações à imprensa, na ideia estapafúrdia de que os índios são um obstáculo aos seus programas de desenvolvimento. É espantoso, mas verdadeiro. Com efeito, causa assombro que um ministro insensato que loteia alegremente o Brasil em imensas glebas de meio milhão de hectares, de 1 milhão de hectares e até de 2 milhões de hectares doados a particulares, principalmente estrangeiros, ou a grandes empresas multinacionais, se empenhe de forma tão encarniçada em tomar dos índios as poucas terras que eles têm, e em negar aos índios que não têm terra nenhuma o registro das parcelas de que necessitam.

À luz desse contraste, quem ainda terá dúvidas de que seja hostil aos índios a política indigenista governamental? É também inegável que essa política está ditada pelo Ministro do Interior, uma vez que a esse órgão está subordinada a Funai. Em lugar de vincular-se ao Ministério da Educação, por exemplo, é ao Ministério do Interior – que tem a seu cargo as Sudenes, as Sudams, as Sudecos – que os índios estão subordinados. Colocado em tais mãos, o problema indígena passou a ser manipulado por assessorias preocupadas em promover programas de desenvolvimento; as quais – sendo muito mais sensíveis às cobiças dos que oprimem os índios para criar ou ampliar latifúndios, do que à causa indígena – formularam e puseram em marcha a malsinada ideologia anti-indígena do Ministro do Interior.

A hostilidade manifesta a que aludo, e que estou chamando de política anti-indigenista do Ministro Rangel Reis, se espelha de tantas formas que não pode ser negada. Por exemplo, a própria Constituição Federal que nos foi imposta pelo atual governo, em lugar de reiterar a velha tradição constitucional portuguesa e brasileira – que reconheceu desde sempre a propriedade dos índios sobre as terras que eles ocupavam "como os primeiros e originais senhores delas", determina que as "terras indígenas" pertencem à União como propriedade, e que delas os índios mantêm apenas a posse. Já no próprio texto constitucional, como se vê, o governo colocou um princípio que, ao arrepio da melhor tradição brasileira, tem o propósito visível de questionar a propriedade dos índios sobre qualquer área.

Mas não para aí a hostilidade manifesta aos índios por parte do Ministro do Interior e de outras autoridades. Nessa monstruosidade jurídica que é o Estatuto do Índio, a mesma postura anti-indigenista se expressa de diversas formas em quase todos os seus artigos. A referida hostilidade alcança, porém, seu ponto mais alto nas últimas ameaças do Ministro Rangel Reis de que, antes do fim do ano, regulamentará a emancipação compulsória das comunidades indígenas, queiram elas ou não, se assim decidirem as autoridades governamentais.

RANGEL: O TUTOR INFIEL

Antes de entrar na análise da minuta do decreto "emancipador", façamos um exame rápido dos graves problemas com que se defrontam os índios, e cuja solução está nas mãos do seu protetor oficial. Este é o Ministro Rangel Reis, uma vez que ele encarna, hoje, no Brasil, a autoridade do Estado que tem a seu cargo o amparo às comunidades indígenas na qualidade de tutor geral dos índios.

Primeiro que tudo, cumpre ao ministro, como obrigação por ele descumprida, o dever de demarcar as terras indígenas; dever estatuído em lei e com prazo de cumprimento até fins de 1978. Em lugar de promover a demarcação das terras indígenas, destinando a estas os recursos necessários, o ministro menosprezou de tal forma a tarefa que lhe foi dada por lei, e lhe consignou recursos tão insignificantes que, com eles, a Funai não conseguirá jamais realizá-la. Trata-se, no caso, apenas de uma questão de reconhecimento de prioridades, ou de uma ação deliberada de não dar solução ao reclamo indígena para que as terras que eles ocupam possam ser mais facilmente usurpadas?

A verdade dolorosa para os índios e vergonhosa para os brasileiros é que menos de metade dos grupos indígenas tem terras demarcadas, e duas terças partes das que estão demarcadas, o foram antes da existência da Funai, nos tempos do Serviço de Proteção aos Índios, que eram tempos de Rondon, e não tempos de Rangel. Há no Brasil, hoje, mais de uma centena de grupos indígenas sem garantia da posse das terras em que vivem.

É também inegável a incúria da Funai, e como tal do Ministério do Interior e, por extensão, do seu titular, o sr. Ministro Rangel Reis, na defesa das poucas terras que os índios detêm, recebidas nos governos anteriores ou por doações particulares. É sabido, porque o fato provocou escândalo em todo o país, que os índios do Rio Grande do Sul tiveram eles mesmos que expulsar, com arcos e flechas, os invasores das terras que lhes pertencem, por títulos que datam de princípio do século, porque o Ministro Rangel Reis era incapaz de garantir-lhes a posse dessas terras, disputadas por pobres gaúchos, que tentavam fazer a reforma agrária, não contra os superpoderosos latifúndios do Rio Grande do Sul, mas sobre os poucos toldos indígenas gaúchos. Como pode ser levado a sério um ministro que, não se esforçando por demarcar as terras dos índios sem terras, nem conseguindo defender as que ele encontrou já demarcadas, nos fala de emancipação compulsória dos índios, prometendo para depois dessa a concessão de lotes individuais ou de territórios tribais, na qualidade de propriedade, conforme eles queiram e decidam? Desídia ou escárnio?

Muitas outras questões atinentes à política anti-indigenista de Rangel despertam atenção da opinião pública e, como tal, devem ser esclarecidas. Formulando algumas delas, eu perguntaria ao Ministro do Interior:

– É verdade que nenhum dos atuais diretores da Funai teve qualquer experiência prévia com problemas indígenas?

– É verdade que a maior parte das verbas destinadas à proteção dos índios é gasta em salários de funcionários da Funai?

– É verdade que a maior parte desses salários são pagos na cidade de Brasília?

– É verdade que um órgão da Funai (o célebre DGPI, que se soletra Departamento Geral do Patrimônio Indígena) está estruturado para operar como uma empresa lucrativa, explorando para isso as terras, as florestas e até a mão de obra indígena?

Perguntas correlatas seriam:

– Os gestores do DGPI têm participação nos *lucros* que eles produzem?

– Os ganhos obtidos pela exploração dos bens de reservas indígenas são escriturados em nome dos índios a que elas pertencem, ou entram para uma caixa comum e podem ser manipulados arbitrariamente pelos diretores da Funai?

– Existe alguma escrituração publicada acessível ao público sobre as contas do DGPI?

Supondo que o Ministro queira e possa responder a essas perguntas, sem vexames, esperemos suas respostas.

A INVASÃO MINISTERIAL

Outro problema grave que preocupa a opinião pública nacional e internacional, e que foi objeto de discussão na SBPC em São Paulo, levando-me a ponderações que não agradaram ao Ministro Rangel Reis, diz respeito à reserva dos índios Kadiwéu do sul de Mato Grosso.

Aqui, convém fazer um breve histórico. Os Kadiwéu são os representantes atuais e os últimos remanescentes de língua Guaicuru, denominados índios Cavaleiros porque, havendo adotado o cavalo, impuseram sua suserania sobre as tribos que viviam no atual território do sul de Mato Grosso. Esses índios ingressaram no território brasileiro no século XVIII, revoltados contra os espanhóis em razão da excursão dos jesuítas ao Paraguai. Seu ingresso no Brasil foi respaldado por um tratado firmado com a coroa portuguesa (que é, aliás, o único caso de tratado entre o governo colonial português e uma tribo indígena), tratado pelo qual eles, aliando-se a nós, passaram a hostilizar os espanhóis, deixando de atacar os exploradores de ouro de Vila Bela, ou de Cuiabá, em Mato Grosso. Graças à adesão destes índios Guaicurus ou Cavaleiros ao lado português é que o Brasil pôde ocupar todo o território que eles dominavam, e que está ao sul do rio Miranda e do rio Aquidauana, ou seja, a maior parte do território do atual estado de Mato Grosso do Sul. Quem sabe História recordará que a Guerra do Paraguai começou quando Lopes invadiu aquele território, alegando que ele era originalmente espanhol e, portanto, paraguaio e não brasileiro.

Pois bem, o que mais importa agora é que em 1904 esses índios tiveram a felicidade de se depararem com Rondon, que estava construindo as linhas telegráficas, ligando a capital do Brasil às nossas fronteiras com o Paraguai e a Bolívia. Então, Rondon fez demarcar um território para eles, e conseguiu que o governo de Mato Grosso reconhecesse, em ato público, como pertencente aos índios Kadiwéu, uma reserva de perto de meio milhão de hectares.

Essa reserva Kadiwéu, o maior e mais valioso território indígena do Brasil, tem sido objeto de várias tentativas de usurpação. Uma delas, na década de 1950, teve a forma de uma lei da Assembleia Legislativa de Mato Grosso, que desfez a doação original, com o objetivo de lotear aquelas terras entre os deputados e seus apaziguados. Nós conseguimos, então – eu, naquela época, trabalhava no Serviço de Proteção aos Índios como diretor do Museu do Índio do Rio de Janeiro –, anular a agressão através de uma ação junto ao Supremo Tribunal Federal que declarou nula por inconstitucional a tal lei do estado de Mato Grosso, reintegrando os índios Kadiwéu na propriedade das suas terras.

Um novo descalabro, este mais escabroso, começou a partir de 1965, quando as próprias autoridades responsáveis pela proteção aos índios – primeiro, o SPI, e logo depois, seus sucessores da Funai – entraram a lotear aquela área e arrendá-la em parcelas de quatro, cinco, nove mil hectares e até mais, a fazendeiros do sul de Mato Grosso, que passaram a criar gado dentro do território dos índios Kadiwéu. Informado disso anos depois – eu estava, então, no exílio – tomei as primeiras providências para denunciar o esbulho, conseguindo que a Funai se comprometesse de público a não renovar os arrendamentos.

Como não ficarmos perplexos ao ver aquele órgão voltar atrás? Isso foi o que sucedeu e o próprio Ministro Rangel Reis o confirmou ao declarar há dias à imprensa, para espanto do país, que esse foi o procedimento através do qual ele – ou o órgão a ele subordinado – procurou garantir a terra dos Kadiwéu contra a invasão. Uma forma visivelmente muito esdrúxula de impedir a invasão, promovendo-a. Com efeito, um ministro que não consegue tirar pobres gaúchos invasores dos toldos do sul, mete dezenas de poderosos fazendeiros (parece que são noventa) dentro da reserva mais valiosa que têm os índios do Brasil, prometendo retirá-los depois, e alegando que assim protege a propriedade indígena.

Essa é a forma mais duvidosa de proteger a propriedade indígena de que tenho notícia. Tanto mais porque os referidos fazendeiros já estão organizados numa associação de defesa dos seus "direitos", contratando advogados e atuando junto a toda a sorte de autoridades estaduais e federais – e, seguramente, também junto ao ministro que era, sabidamente, candidato a governador do estado de Mato Grosso do Sul – no sentido de garantir que o que hoje é arrendamento, se consolide de forma tal que, amanhã, seja propriedade plena.

Atente-se bem para o fato de que se trata de uma área de terras pertencente a um grupo vinculado à História brasileira de uma forma capital. Trata-se, sobretudo, de terra pertencente aos índios que nos legaram quase todo o território do atual estado de Mato Grosso do Sul, e do qual eles ficaram com menos de 500 mil hectares, área relativamente pequena, uma vez que nas suas fronteiras há propriedades de um milhão e de um milhão e meio de hectares pertencentes a particulares e a grandes empresas internacionais. Por que negar a meio milhar de índios Kadiwéu que vivem dentro da reserva, e aos outros quinhentos índios que vivem nas imediações, essas terras que a eles pertencem? Por que considerar natural que alguém possua uma área muito maior que a reserva, mas que um milhar de índios não deva possuí-la? E, sobretudo, que política previdente é essa que, frente à população indígena de Mato Grosso do Sul que já alcança 15 mil índios, e que tende a dobrar até o ano 2000, em lugar de resguardar para eles a única reserva de terras que existe na região, promove sua alienação? Por que tanta sofreguidão em promover ou coonestar a invasão, declarando que assim se está defendendo os índios? É notório para todo homem de bem que a opinião pública merece mais respeito e melhores esclarecimentos que as meras alegações ministeriais de que, promovendo a invasão, está impedindo que as terras dos Kadiwéu sejam invadidas e alienadas.

Mas não se trata só dos Kadiwéu. A tribo Yanonam da fronteira do Brasil com a Venezuela, que soma mais de 5 mil índios, está também ameaçada pelo Ministro Rangel Reis. Com efeito, é sabido que estava sendo estudada a criação, ali, de uma reserva indígena que resguardaria intocada uma parcela importante da natureza amazônica para os brasileiros do futuro, e daria ao mesmo tempo, aos índios Yanonam, meios de sobreviver e tempo para se acomodarem aos fatores letais que se seguem ao convívio com a civilização.

Pois bem, em lugar de atender a esse propósito nacional e humanitário, o Ministro Rangel Reis determinou que não se criasse um Parque Yanonam, mas que se demarcasse para eles dezesseis lotes separados. A intenção evidente é de entregar depois as terras que ficam entre os lotes indígenas a fazendeiros particulares. A consequência será que, em pouco tempo, a tribo Yanonam será desmembrada e conduzida a um estado tal de penúria que acabará por desaparecer. Pode um brasileiro saber de fatos tão graves sem se revoltar? Merece respeito público o homem público que atua desse modo?

A EMANCIPAÇÃO RANGELIANA

Com respeito à tutela orfanológica que propôs o Ministro Rangel Reis, nossa suposição é de que se trata de uma questão jurídica que está sendo manipulada com propósitos escusos. Com efeito, a tutela consignada em Código Civil que equipara o índio à mulher casada, ao pródigo e ao menor de idade, responde a um problema meramente jurídico. Necessitando classificar os índios dentro da comunidade nacional como brasileiros especiais – porque tinham língua e costumes próprios, e por carecerem de uma proteção específica, uma vez que são mais suscetíveis de sofrerem as agressões da civilização – a lei encontrou, na época, uma saída naquela classificação. Ela se destinava, porém, não a tirar nada dos índios, mas a melhor ampará-los nas suas carências contra as enfermidades que os achacam, contra a cobiça dos que usurpam suas terras, contra o alcoolismo, contra o desengano e contra a desmoralização.

Isso significa que a lei deu ao índio um estatuto civil especial – a incapacidade relativa – para ampará-lo e não para humilhá-lo. Estatuto esse que jamais poderia ser utilizado contra os seus interesses. Assim foi entendido por Rondon; assim o foi em toda a tradição indigenista brasileira, e assim deveria permanecer sendo. Um índio de maior idade, por exemplo, se alfabetizando, pode ser eleitor. E nunca ninguém negou isso a índio algum. São milhares os índios eleitores pelo Brasil afora. Um índio, se gosta e se é capaz de ganhar dinheiro – conheci alguns com terras próprias e um gadinho nada desprezível –, pode usufruir dos bens que adquira, dispondo deles à sua vontade. O índio não pode é traficar com os bens comuns da tribo (porque isso é regalia exclusiva da Funai) para não aliená-los.

O Ministro Rangel Reis, porém, não entende assim. Quer libertar os índios da tutela orfanológica, porque a consideraria como humilhante. Será assim? Será essa motivação generosa que está informando a ação ministerial? O certo é que todas as comunidades indígenas do país estão inquietas com a notícia de que o ministro ameaça declará-los emancipados, seja individualmente, seja coletivamente.

No primeiro caso não haveria novidade, nem necessidade de intervenção ministerial. O artigo 9º do Estatuto dos Índios garante que com um simples requerimento qualquer índio pode ser declarado emancipado se é maior de 21 anos, se fala em português inteligível, e se é capaz de ganhar a vida. A novidade de Rangel está na emancipação da comunidade, que proscrevendo a tribo como entidade jurídica espolia aos índios. Com essa "emancipação" rangeliana, "dissolvida" juridicamente a tribo, extinguir-se-iam seus direitos adquiridos, inclusive a posse das terras que ocupam. O mais grave, porém, é que essa "emancipação", podendo ser concedida a pedido da própria comunidade por maioria dos seus membros (???), mas também *por iniciativa da burocracia da Funai*, nos leva a temer que se trate de uma operação de esbulho. Sendo sabido que, apesar das garantias legais, a Funai concedeu várias vezes declarações negativas da presença de índios em áreas nas quais, notoriamente, eles vivem, para permitir a apropriação de suas terras por empresas poderosas. Que dizer dessa licença arbitrária que Rangel lhe quer dar?

O perigo é tanto maior porque a Funai, nesse caso, não precisaria pedir parecer obrigatoriamente a nenhum órgão colegiado, nem precisaria ouvir os seus próprios consultores jurídicos, e muito menos aos seus antropólogos. Tal como a matéria está regulamentada no *Decreto Rangel*, o presidente da Funai, por um ato próprio, por decisão individual, por convicção própria, autoritariamente, arbitrariamente, poderá desencadear uma série de providências que culminarão por decretar que uma tribo não existe mais porque foi emancipada da tutela orfanológica. Contra esse ato todo-poderoso ninguém poderia fazer nada, uma vez que nenhum cidadão brasileiro, e nem mesmo a própria tribo indígena poderia reclamar, porque não está previsto nem o direito de recurso.

Pergunto aqui à consciência jurídica do país, se esse ato ministerial não é capitulável como um caso de infidelidade tutorial? Não seria o ministro, tutor dos índios, um tutor infiel? Com efeito, o Ministro do Interior encarna na organização jurídica brasileira atual a tutela que o Estado deve às comunidades indígenas. Quando ele exerce essa tutela contra os interesses dos índios, usurpando o que lhes pertence, não estará cometendo um crime? Nenhum brasileiro pode deixar de inquietar-se com isso. Não podemos menos que reclamar contra esse ato atentatório aos interesses de brasileiros desamparados, tanto mais porque são desamparados por aquele que estaria chamado a protegê-los.

Alguns exemplos esclarecem bem a questão, lançando luz sobre o que significa essa emancipação rangeliana da comunidade indígena que dissolvendo-a como entidade jurídica a "libertaria" de seus bens efetivos, mediante a promessa de lhes outorgar futuramente bens e regalias excepcionais.

A primeira analogia que me ocorre seria o Ministro Rangel Reis declarar dissolvida a família Matarazzo, por exemplo, prometendo estender depois aos seus membros que caíssem em penúria a proteção do Estado. Na realidade, seria tão absurdo desapropriar os bens de Matarazzo através da declaração de que a família Matarazzo não existe mais, quanto fazer através do Decreto Rangel a desapropriação das propriedades indígenas. Sendo esse o entendimento que todos colhemos da ação desenvolta do ministro, o nosso dever é nos rebelar contra ela enquanto não se concretiza a ameaça pela promulgação do famigerado decreto.

Outra analogia cabível seria a de emancipar a mulher grávida de sua gravidez para efeito de trabalho, porque a licença pré-e-pós-parto constituiria uma discriminação. Isso não seria mais absurdo do que retirar dos índios a tutela orfanológica do Estado, alegando assim liberá-los de um vexame. O mesmo representaria, ainda, decretar a maioridade compulsória e automática dos menores que ingressassem no trabalho, para igualá-los com os adultos, embora assim se lhes negasse o gozo das regalias compensatórias que a lei trabalhista lhes assegura.

Nessas circunstâncias, cabe ou não perguntar se há ou não há algum interesse subalterno atrás desse decreto desastrado com que o ministro ameaça as comunidades indígenas? Nenhum jurista do mundo, digno desse título que envolve compromissos humanísticos com o direito social, subscreveria uma monstruosidade dessas. Por que o Ministro Rangel Reis obriga a atuar assim os seus consultores jurídicos?

O decreto do Ministro Rangel Reis, tal como ele pode ser julgado pela minuta conhecida, é um documento cientificamente inepto e juridicamente monstruoso. Qualquer antropólogo explicaria facilmente à sua Excelência, por exemplo, que existe uma grande diferença entre o processo natural de integração social do índio à sociedade nacional e a emancipação jurídica de um índio individual ou de uma comunidade indígena.

Mas, além de inepto, o decreto foi redigido de forma propositadamente confusa, o que o torna juridicamente monstruoso. Assim é que, dando a entender que atende às aspirações de alguns índios que desejariam emancipar-se de uma tutela orfanológica que os envergonharia, o que faz, de fato, é promover a dissolução legal das comunidades tribais, como entidades jurídicas capacitadas para realizar atos legais, como o de serem proprietários ocupantes de terras próprias ou públicas.

Efetivamente, uma vez editado o decreto, uma autoridade executiva, o presidente da Funai, poderia de direito cometer um ato tão rigoroso e arbitrário como esse, sem a obrigação de consultar previamente qualquer órgão colegiado, e sem dar aos próprios índios qualquer oportunidade de recurso contra esse tipo de proscrição e espoliação. Obviamente, um decreto de caráter tão discricionário, que geraria um autoritarismo burocrático tão desastrado, tem que preocupar enormemente a todos os brasileiros. Especialmente àqueles que por uma razão ou outra têm mais contato com as populações indígenas e podem prever com certa exatidão os efeitos desse decreto sobre a vida e o destino dos índios. É inevitável, por isso, que ante a ameaça de vê-lo aprovado, nós o façamos objeto de um debate nacional e internacional sobre seu caráter cruamente etnocidiário e virtualmente genocida.

Abrindo esse debate não podemos evitar que a autoridade pública que propugne ou que subscreva esse decreto, seja apontada de público como responsável por um grave atentado contra as melhores tradições brasileiras; nem que seja percebido por todos que a referida autoridade assim atuando está denegrindo o nome do Brasil dentro da comunidade nacional e no estrangeiro. Nessas circunstâncias, como negar ao Ministro Rangel Reis, além do título de inimigo público nº 1 dos índios do Brasil, o de mau brasileiro?

Encerro esta denúncia com um apelo às três categorias de pessoas que mais podem ajudar a salvar os índios das agressões de Rangel. Em primeiro lugar, aos brasileiros dotados de consciência e de saber jurídico – na qualidade de estudantes e professores de direito, de juristas ou de magistrados – para que estudem o texto do decreto e denunciem suas iniquidades como uma vergonha para a cultura humanística brasileira.

Em segundo lugar, aos antropólogos que aprenderam dos índios tão grande parte do saber de que vivem, no sentido de começarem a devolver um pouco do que lhes devem, abrindo uma discussão sobre o decreto em que assumam posição pública de denúncia desse e de outros atropelos a que estão submetidas as populações indígenas que eles conhecem diretamente.

Em terceiro lugar, aos missionários católicos e protestantes – especialmente estes últimos, tão tímidos até agora na defesa da vida dos índios cujas almas querem salvar –, no sentido de alertar suas comunidades religiosas para as ameaças do decreto e para o agravamento crescente dos problemas com que se defrontam as populações indígenas brasileiras.

POR UMA ANTROPOLOGIA MELHOR E MAIS NOSSA[*]

Querido Roberto,

Li sua carta longuíssima. Obrigado. Se me deu trabalho ler e compreender, muito mais terá dado a você para escrever. Obrigado. Confesso que gostei. E também – para seu espanto – que estou de acordo com quase toda ela. Gosto até de suas pequenas diabruras e zangas, afinal, legítimas. Ultimamente tenho desgostado tanto a você pelo que sou, com o que faço e sobretudo pelo que digo, que devo aceitar, sem mágoa, que não me ame como devera. Entenda, porém, Roberto, que depois de tantos anos de doce exílio, sem meios de socorrer a vocês que penavam aqui, eu queira exercer de abrupto, com rispidez, uma influência que gozoso, houvera exercido longa e carinhosamente. E releve algum mau trato.

Só importa assinalar, entretanto, a minha alegria de o ter levado, nesse esforço de me passar a limpo, a pensar severamente em seu próprio papel de antropólogo, como gente e até como brasileiro; bem como nas suas lealdades institucionais. Persevere, Roberto; com um pouco mais de rigor crítico e com um pouco menos de complacência você acabará se encontrando. Então, até gostará do gosto de sua boca; quero dizer, aceitará ser tal qual é, sem tão grandes sofrimentos e vexames. Inclusive porque será outro.

É preciso também que você persevere nessa autoanálise para que possa responder e até atender, um dia, se possível, às minhas reclamações que ficaram todas no ar; sobretudo as que pedem uma antropologia melhor e mais nossa. Sou,

---

[*] Resposta à carta aberta de Roberto da Matta, pastor de antropólogos do Museu Nacional.

talvez, demasiadamente ambicioso para com os jovens antropólogos brasileiros. Que fazer? Quisera para o Brasil uma antropologia descolonizada. Se possível, uma antropologia tão boa no plano humanístico que trate logo de devolver aos índios o que aprendeu deles. Uma antropologia tão eficaz no plano sociopolítico que permita até aposentar, por dispensável, o materialismo histórico. E, quem sabe? – se já não é desvario meu pedir tanto a vocês – uma antropologia sem conivências com o despotismo, que ajude o Brasil a sair desse atoleiro de um subdesenvolvimento que se subdesenvolve cada vez mais.

Mas me deixe reiterar aqui aquelas minhas singelas reclamações, para que o leitor nos entenda e me ajude a cobrá-las.

Em primeiro lugar, reclamo que o Museu Nacional, tendo assumido há mais de trinta anos o compromisso formal e escrito de editar em português a obra de Curt Nimuendaju, nada tenha publicado até hoje. Trata-se, leitor, de uns dez livros escritos por um sábio nascido na Alemanha, que se fez brasileiro, e viveu aqui toda a sua vida – a maior parte dela em aldeias de índios – e até trocou seu nome de família – *Unkel* – pelo nome que lhe deram os índios Guarani – *Nimuendaju*. Esses livros, editados originalmente em alemão, inglês, francês e espanhol, além de serem tidos unanimemente como clássicos da antropologia, são indispensáveis ao conhecimento dos índios do Brasil. Eles sozinhos valem mais – conforme assinalei várias vezes – do que a obra inteira de todos os etnólogos brasileiros, a minha inclusive. Roberto pondera que eu bem poderia ter feito esse serviço para ele, publicando as obras de Nimuendaju quando era Ministro da Educação. Entendo, Roberto, que você esteja sugerindo que eu retorne ao Ministério. Estou de acordo, seria bom para todos. Mas nem isso os eximiria do dever assumido há tantas décadas quando vocês receberam o acervo do nosso maior etnólogo com o compromisso de editá-lo. Concorda?

Outra reclamação minha é que o Museu Nacional, contando com tão brilhante floração de jovens antropólogos, ocupe ao menos uns poucos deles no refazimento e na reabertura da Exposição Etnológica, fechada há mais de vinte anos. Essa exposição, leitor, de tradição secular, é a mais importante do Museu. Representa para nós, no Brasil, o que são as exposições da Smithsonian Institution de Washington, do Museu do Homem em Paris, do Museu Britânico de Londres, do Museu de Berlim e de mais de uma dezena de museus etnológicos do mundo inteiro. Em todos eles se podem ver primorosas exposições permanentes sobre as expressões materiais da criatividade dos índios do Brasil. Menos aqui. E isso me envergonha muito.

Tranquilize-se, Roberto, eu também acho que cada um deve estudar o que quiser. Inclusive, como você pede, os frescos, as putas e os marginais; mesmo porque todos são gente e, como tal, caem em nosso campo de interesse, além do que eu tenho por eles a maior simpatia. Peço, entretanto, que dediquem alguma atenção também à etnografia indígena, ocupando-se de suas exposições museológicas. Talvez não na medida da dedicação e do amor que devotam a elas os nossos colegas dos citados museus estrangeiros; mas ao menos sem um descaso pelas tarefas museológicas que possa ser interpretado como infidelidade à instituição que os nutre e dignifica. Além disso, me dói demais que, por culpa de quem quer que seja, tanta meninada brasileira tenha dos nossos índios a imagem que vê nos filmes de faroeste. Não dói a você?

Ponha a mão na consciência, Bob, e veja e admita que eu jamais hostilizei nosso vetusto MN. Ao contrário, sou eu que o defendo pedindo a vocês mais desvelo para com ele como uma das mais ilustres instituições culturais brasileiras. E não se esqueça, meu caro, que dentro em breve comemoraremos o centenário da monumental *Exposição Antropológica Brasileira*, de 1882, realizada no Museu Nacional e apresentada com um livro-catálogo que é disputado até hoje como obra rara. Precisamos fazer força para que isso não suceda com as exposições etnológicas do museu, todas decrépitas e fechadas ao público. Seria uma suprema vergonha para vocês e para todos nós.

Minha reclamação que mais zanga provocou em você era de fato uma aspiração meio desastrada, de padrinho enxerido que quer ajudar à força seus afilhados a brilharem. Disse que não quero vê-los feito "cavalos de santo" de candomblé, por cujas bocas não falam nossos exus e xangós, mas Lévi Strauss, Victor W. Turner, P. Berger, ou até meus amigos Peter Worsley e Eric Hobsbawm que têm, aliás, horror disso.

Você não concorda que um dos piores riscos que ocorrem às nossas ciências sociais esteja na propensão a desvincular jovens de talento da temática brasileira, para os atrelar aos interesses momentâneos de mestres estrangeiros? Tenho visto tanto desses basbaques, convertidos em papagaios que repetem pela vida inteira um saber que, na matriz, já se tornou obsoleto, que não me consolo de ver novos basbaques surgindo. Por esse caminho, cada nova geração voltando-se para fora se constitui como um porta-voz ou um *vodu* do que se diz e do que se faz nos centros estrangeiros, deslumbrada com o último gênio metropolitano. Prosseguindo nessa linha jamais se constituirá no Brasil um saber nosso, edificado geração após geração pela transmissão e herança de um patrimônio cultural próprio através de permanente revisão, cientificamente fundada, de suas interpretações da realidade brasileira. Em lugar disso teremos tão só esse pobre cúmulo de tesezinhas que são meras exemplificações episódicas e bizarras, com base em casos locais, das teorias em moda lá fora. Tanto mal já fizeram ao Brasil esses transplantes teóricos que devemos nos guardar contra eles. Todos sabemos como erraram e se amargaram os nossos melhores pensadores do passado que tomaram por ciência certa os determinismos climáticos e raciais importados da Europa como a melhor explicação antropológica do nosso atraso. Hoje, os esquemas não são tão grosseiros, mas quase. Inclusive este seu, tão tolo, de tomar como superação das teorias da evolução e da obra crítica do venerável Leslie White, o próprio reacionarismo antievolucionista de Boas e seus discípulos que ele desmoralizou tão eficazmente. Você sabe qual é a origem dessa celeuma? Simplesmente, o horror pânico que provocou no mundo acadêmico *ianque* a divulgação da teoria evolucionista de Lewis H. Morgan – fundador, aliás, dessa galimátia infecunda do parentesco que tanto encanta vocês – por Frederico Engels, sob o título de *A origem da família, da propriedade privada e do Estado*, num livro editado aos milhões e lido pelos operários comunistas do mundo inteiro. Apavorados com aquela conspurcação do seu mundinho acadêmico, assim convocado para a revolução social, as universidades não quiseram mais saber de antropologias que não dessem garantias prévias de que eram perfeitamente reacionárias. Isto é, antievolucionistas. É nessas águas que você navega, Roberto, sem saber. Cuidado!

Ainda no campo das minhas ambições desvairadas, cabe uma palavra aqui sobre essa história berlinesca que tanto o ocupou. Eu me pergunto como uma tirada minha, mero gracejo ante um jornalista inteligente, tenha ganho tão altos foros em suas mãos, para merecer páginas de contestação como "a teoria do bombardeio de Berlim". A única explicação plausível para isso é o sentimento de culpa que ela provoca em antropólogos infiéis aos povos que estudam. Não disse nem penso que a gente de Berlim não fosse estudável naquelas terríveis circunstâncias. Disse é que nenhum aspecto da conduta humana se podia estudar ali, legitimamente, sem levar em conta, primacialmente, a circunstância do bombardeio medonho que, caindo dia e noite sobre suas cabeças, a tudo afetava. Através dessa alegoria só quero recordar aos etnólogos desatentos que nós estudamos os índios debaixo de circunstâncias ainda piores; das quais, lamentavelmente, nada se sabe, nem se presume, pela leitura de seus *papers*.

Mas não se perturbe tanto, Roberto. Se puder, ria de mim e de si mesmo pensando que tudo isso são nonadas. Afinal, minhas alegações dizem respeito ao passado e ao presente e você tem à frente todo um amplo futuro para reconstruir sua vida intelectual e fazê-la bela e generosa. Tomara!

E me queira bem.

Darcy – Rio: 7-A-79

A. T. Acabo de saber com alegria que o Mapa Etnográfico de Curt Nimuendaju será, afinal, publicado pelo IBGE, graças a uma iniciativa de George Zarur, que se deve a uma sugestão de Carlos Moreira ao CNRC. Parabéns.

P. S. Passe aqui por casa com Celeste que eu tenho fichas do PTB para vocês. E traga de volta, por favor, meu exemplar dos Timbira.

DIVERSIDADES

A AMÉRICA LATINA EXISTE?[*]

Existe uma América Latina? Não há dúvida que sim. Mas é sempre bom aprofundar o significado dessa existência.

No plano geográfico é notória a unidade da América Latina como fruto de sua continuidade continental. A essa base física, porém, não corresponde uma estrutura sociopolítica unificada e nem mesmo uma coexistência ativa e interatuante. Toda a vastidão continental se rompe em nacionalidades singulares, algumas delas bem pouco viáveis como quadro dentro do qual um povo possa realizar suas potencialidades. Efetivamente, a unidade geográfica jamais funcionou aqui como fator de unificação porque as distintas implantações coloniais das quais nasceram as sociedades latino-americanas coexistiram sem conviver, ao longo dos séculos. Cada uma delas se relacionava diretamente com a metrópole colonial. Ainda hoje, nós, latino-americanos, vivemos como se fôssemos um arquipélago de ilhas que se comunicam por mar e pelo ar e que, com mais frequência, voltam-se para fora, para os grandes centros econômicos mundiais, do que para dentro. As próprias fronteiras latino-americanas, correndo ao longo da cordilheira desértica, ou da selva impenetrável, isolam mais do que comunicam e raramente possibilitam uma convivência intensa.

No plano linguístico-cultural, nós, os latino-americanos, constituímos uma categoria tanto ou tão pouco homogênea como o mundo neobritânico dos povos que falam predominantemente o inglês. Isso pode parecer insuficiente para os que falam da América Latina como uma entidade concreta,

---

[*] Texto revisto de um ensaio publicitário publicado originalmente no México (1976) e reeditado, depois, em São Paulo (1979).

uniforme e atuante, esquecendo-se de que dentro dessa categoria estão incluídos, entre outros, os brasileiros, os mexicanos, os haitianos e a intrusão francesa do Canadá, devido a sua uniformidade essencialmente linguística de neolatinos. Ou seja: povos tão diferenciados uns dos outros, como os norte-americanos o são dos australianos e dos "africâner", por exemplo. A simples enumeração mostra a amplitude das duas categorias e sua escassa utilidade classificatória.

Reduzindo a escala de latinos para ibéricos, encontramos uma unidade um pouco mais uniforme. Na verdade, bem pouco mais homogênea, porque apenas excluiria os descendentes da colonização francesa. Continuariam, dentro dessa categoria, os brasileiros, os argentinos, os cubanos, os porto-riquenhos, os chilenos, etc. Do ponto de vista de cada uma dessas nacionalidades, sua própria substância nacional tem muito mais singularidade e vigor do que o denominador comum que as faz ibero-americanas.

Se reduzirmos ainda mais a escala, poderemos distinguir duas categorias contrastantes. Um conteúdo luso-americano concentrado todo no Brasil e um conteúdo hispano-americano que congrega o restante. As diferenças entre uns e outros são pelo menos tão relevantes como as que distinguem Portugal da Espanha. Como se vê, pouco significativa, por que fundada numa pequena variação linguística que não chega a ser obstáculo para a comunicação, ainda que tendamos a exagerá-la com base numa longa história comum, interatuante, mas muitas vezes conflitante.

$$\wp$$

Voltando a olhar o conjunto da América Latina, observam-se certas presenças e ausências que colorem e diversificam o quadro. Por exemplo, a presença indígena é notória na Guatemala e no Altiplano Andino, onde é majoritária, e no México, onde os índios se contam aos milhões e predominam em certas regiões. Nesses casos, é tão grande a massa de sobreviventes da população indígena original que se integrou às sociedades nacionais com um campesinato etnicamente diferenciado, que seu destino é se reconstruírem, amanhã, como povos autônomos. Isso significa que países como a Guatemala, a Bolívia, o Peru e o Equador e áreas extensas de outros como o México e a Colômbia estarão sujeitos, nos próximos anos, a profundas convulsões sociais de caráter étnico que redefinirão aqueles quadros nacionais ou os reestruturarão como federações de povos autônomos.

Totalmente distinta é a situação dos demais países onde só se encontram microetnias tribais, mergulhadas em vastas sociedades nacionais etnicamente homogêneas. Nesses casos, uma presença indígena visível, seja na língua como o guarani do Paraguai – seja, sobretudo, no fenótipo da maioria da população, como ocorre no Brasil, no Chile, na Venezuela –, deve ser levada em conta. Mas não justificaria incorporá--los numa categoria à parte de indo-americanos como alguém sugeriu. É improvável que por essa linha se chegue a alcançar uma tipologia explicativa. Todos esses povos têm no aborígine uma de suas matrizes genéticas e culturais, mas sua contribuição foi de tal forma absorvida que qualquer que seja o destino das populações indígenas sobreviventes, não se alterará muito sua configuração étnica. Em outras palavras: a miscigenação, absorção e europeização dos antigos grupos indígenas no seio da população nacional estão completas ou em marcha e tendem a homogeneizar – embora não a fundir – todas as matrizes étnicas, convertendo-as em modos diferenciados de participação na mesma etnia nacional. Isso não significa que os índios que sobreviveram como tribos nesses países venham a desaparecer. Ao contrário, apesar de cada vez mais aculturados, eles sobreviverão diferenciados e serão cada vez mais numerosos.

Outro componente que diferencia o quadro, emprestando--lhe aspectos particulares, é a presença do negro africano que se concentra de forma maciça na costa brasileira de mais antiga colonização e nas áreas de mineração, e também nas Antilhas, onde floresceu a plantação açucareira. Fora dessas regiões, encontram-se diversos bolsões negros na Venezuela, Colômbia, Guianas, Peru, e em algumas áreas da América Central. Também nesse caso, a absorção e assimilação chegaram a tal ponto que se americanizou esse contingente da mesma forma que os demais, ou talvez de uma forma mais completa que qualquer outro. É certo que reminiscências africanas no folclore, na música e na religião são palpáveis nas áreas onde a afluência negra foi maior. Mas sua persistência se explica, principalmente, pelas condições de marginalização dessas populações, que em nenhum caso constituem blocos étnicos inassimiláveis e aspirantes à autonomia.

Outras intrusões, não europeias, como a dos japoneses no Brasil, dos chineses no Peru, dos indianos nas Antilhas, igualmente diferenciam algumas áreas, emprestando um sabor especial à sua cozinha e afirmando-se em algumas outras esferas. O assinalável nesses casos – como ocorre também com os negros – é que estamos em presença de contingentes que trazem em si uma marca racial distintiva com relação ao resto da população. Esse fato tem, obviamente, consequências. Principalmente a de não facilitar o reconhecimento de uma assimilação já completa ou que só não se completa devido à persistência de marcas raciais que permitem seguir tratando como afro, nissei, chinês ou indiano pessoas que só são tais em seu fenótipo, dadas sua aculturação plena e sua completa integração no quadro étnico nacional.

Os antropólogos, particularmente interessados nas singularidades dessas populações, produziram uma vasta literatura que ressalta, talvez de forma excessiva, as diferenças. Realmente, é possível elaborar longas listas de sobrevivências culturais que permitem vincular esses núcleos às suas matrizes de origem. O certo, porém, é que, aqui também, as semelhanças são mais significativas que as diferenças, já que todos esses contingentes estão plenamente "americanizados". Nos planos linguístico e cultural são gente de seu país e até "nossa gente" na identificação emocional corrente das populações com que convivem. Suas peculiaridades, tendentes talvez a esmaecer, apenas os fazem membros diferenciáveis da comunidade nacional em razão de sua remota origem.

O mesmo ocorre com os componentes de contingentes europeus não ibéricos chegados em época mais recente. Cada um deles representa uma forma especial de participação, nem superior nem inferior, no ser nacional, que permite defini-los, restritivamente, como, por exemplo, anglo-uruguaios, ítalo-argentinos, teuto-chilenos ou franco-brasileiros. É de assinalar, porém, que todos eles gozam de uma posição social mais alta, alcançada em razão de eventuais vantagens culturais e econômicas, mas principalmente de uma maior aceitação social que os privilegia em sociedades dominadas pelos brancos.

Muito embora acima de todos os fatores de diversificação sobressaiam os de uniformidade, certas diferenças visíveis alcançam, frequentemente, um sentido social discriminatório. É o caso, por exemplo, do paralelismo entre cor da pele e pobreza, que dá lugar a uma estratificação social de aparência racial. Assim, os contingentes negros e indígenas que tiveram de enfrentar enormes obstáculos para ascender da condição de escravos à de proletários concentraram-se principalmente nas camadas mais pobres da população. Além da pobreza oriunda da superexploração de que foram e são vítimas pesa sobre eles muita discriminação, inclusive a proveniente da expectativa generalizada de que continuem ocupando posições subalternas, as quais dificultam sua ascensão a postos mais altos da escala social. Aparentemente, o fator causal encontra-se na origem racial e na presença de sua marca estigmatória, quando de fato só se explica pelas vicissitudes do processo histórico que os situou na posição de vítimas. Eles são a contraparte desprivilegiada dos euro-americanos. Embora constituindo o grosso da força de trabalho – ou por isso mesmo, enquanto descendentes de escravos –, eles são tratados com superioridade e descaso. Assim é que a cor da pele, ou certos traços raciais típicos do negro e do indígena, operando como indicadores de uma condição inferior, continuam sendo um ponto de referência para os preconceitos que pesam sobre eles.

Embora presente na América Latina, e frequentemente de forma muito acentuada, o preconceito racial não assume aqui o caráter discriminatório e isolacionista que se observa, por exemplo, nos Estados Unidos. Ali, a discriminação recai sobre os descendentes de africanos ou indígenas, qualquer que seja a intensidade da marca racial que carreguem, tendendo a excluí-los do corpo social por se considerar indesejável a mescla com eles. Na América Latina, o preconceito racial é predominantemente de marca e não de origem. Ou seja: recai sobre uma pessoa na proporção de seus traços racialmente diferenciadores e implicitamente incentiva a miscigenação, porque aspira "branquear" toda a população. Trata-se, sem dúvida, de um preconceito racial, porque a sociedade só admite os negros ou indígenas como futuros mestiços, rechaçando seu tipo racial como ideal do humano. Mas se trata de um preconceito especial que discrimina o fenótipo negro e o indígena por não estar ainda diluído na população majoritariamente mestiça, cujo ideal de relações inter-raciais é a fusão.

૪ා

Por cima das linhas cruzadas de tantos fatores de diferenciação – a origem do colonizador, a presença ou ausência e o peso do contingente indígena e africano e de outros componentes –, o que sobressai no mundo latino-americano é a unidade do produto resultante da expansão ibérica sobre a América e o seu bem-sucedido processo de homogeneização. Com todos esses contingentes – presentes em maior ou menor proporção em uma ou outra região –, edificaram-se sociedades étnico-nacionais cujas populações são produto do cruzamento e querem continuar fundindo-se. Excetuando os indigenatos originários de altas civilizações ou microetnias tribais que sobreviveram isoladas, em nenhum caso encontramos os índios originais; nem os europeus ou asiáticos ou africanos tal como eram quando se desprenderam de suas matrizes. Seus descendentes são neoamericanos, cuja visão do mundo, modos de vida e aspirações – essencialmente idênticos – fazem deles um dos ramos mais floridos do gênero humano. Amalgamando gente procedente de todos os quadrantes da Terra, criaram-se aqui povos mestiços que guardam em seus rostos étnico-culturais heranças tomadas de todas as matrizes da humanidade. Estas heranças difundindo-se em vez de se concentrarem em quistos étnicos, se impuseram à matriz básica – principalmente ibérica, em alguns países, principalmente indígena ou africana em outros – matizando o painel latino-americano sem quebrá-lo em componentes opostos uns aos outros. O que se destaca como explicativo é, pois, uma vez mais, a uniformidade e o processo de homogeneização que engloba mais de 90% dos latino-americanos.

Essa mesma homogeneização em curso é notória em certos planos, como o linguístico e o cultural. Com efeito, as línguas faladas na América Latina, e os respectivos complexos culturais, são muito mais homogêneos que os existentes nas respectivas nações colonizadoras, e talvez mais do que os de qualquer outra área do mundo, exceto a neobritânica. De fato, o castelhano e o português falados nas Américas experimentaram menor número de variações regionais que nas nações de origem. O castelhano, falado por centenas de milhares de pessoas na América Latina, apesar de cobrir uma extensíssima área, só varia regionalmente quanto ao sotaque, uma vez que sequer derivou em algum dialeto, enquanto na Espanha continuam sendo faladas várias línguas mutuamente ininteligíveis. O mesmo ocorre em relação à língua portuguesa e à inglesa. Ou seja: os espanhóis, portugueses e ingleses, que jamais conseguiram assimilar os bolsões linguístico-dialetais de seus reduzidos territórios, ao mudarem-se para as Américas impuseram às suas colônias, imensamente maiores, uma uniformidade linguística quase absoluta e uma homogeneidade cultural igualmente notável.

Voltamos, assim, à uniformidade inicial. Pouco importa que ela não seja percebida com clareza em cada entidade nacional, inclusive porque cada nacionalidade é um esforço por ressaltar singularidades como mecanismo de autoglorificação e autoafirmação, que só têm sentido para aqueles que participam das mesmas lealdades étnicas. O certo é que nossa latino-americanidade, tão evidente para os que nos olham de fora e veem nossa identidade macroétnica essencial, só ainda não faz de nós um ente político autônomo, uma nação ou uma federação de estados nacionais latino-americanos. Mas não é impossível que a história venha a fazê-lo. A meta de Bolívar era opor aos estados unidos setentrionais os estados unidos meridionais. A Pátria Grande de Artigas, a *Nuestra América* de Martí apontam no mesmo rumo.

A que se deve esse poder unificador? O que explica a resistência à assimilação de ilhas linguístico-culturais, como o país basco, o galego e o catalão ou ainda de regiões dialetais como as portuguesas, em comparação com a flexibilidade de contingentes tão diferenciados como os que formaram os povos ibero-americanos?

A explicação está, talvez, nas características distintivas do próprio processo de formação dos nossos povos, que são sua intencionalidade, sua prosperidade e sua violência. Aqui, a metrópole colonialista teve um projeto explícito e metas muito claras, atuando da forma mais despótica. Conseguiu, quase de imediato, subjugar a sociedade preexistente, paralisar a cultura original e converter a população em uma força de trabalho submissa.

Contribuiu também para a homogeneização a própria prosperidade do empreendimento colonial, seja na etapa do saque de riquezas secularmente acumuladas, seja nas variadas formas posteriores de apropriação da produção mercantil. Tanta riqueza permitiu montar uma vasta burocracia militar, governamental e eclesiástica, que passou a reger a vida social em cada detalhe. As empresas produtivas se implantaram segundo planos precisos. As cidades surgiram plantadas por atos de vontade, com ruas traçadas segundo um padrão preestabelecido e com edificações também moduladas de acordo com traços prescritos. As próprias categorias étnico-sociais que se vão formando têm também toda a sua vida regulamentada: estabelece-se a que empregos poderiam aspirar, que roupas e até que tipo de joias poderiam exibir e com quem poderiam se casar. Toda essa ordenação artificial, intencional, teve em mira um objetivo supremo: defender e fazer prosperar a colônia para usufruto da metrópole. E um objetivo secundário, embora apresentado como o fundamental: criar um filhote da sociedade metropolitana, mais leal que ela à ideologia católico-missionária.

As classes dominantes nativas, como gerentes daquele pacto colonial e desta reprodução cultural, jamais formaram o cume de uma sociedade autônoma. Eram apenas um estrato gerencial que custodiava e legitimava a colonização. Uma vez independentizadas suas sociedades, o caráter exógeno dessas classes dominantes, forjado no período colonial, e seus próprios interesses induziram-nas a continuar regendo suas nações como cônsules de outras metrópoles. Para isso instituíram uma ordenação socioeconômica e política adequada, com fundamento no latifúndio e no entreguismo, e promoveram a criatividade cultural como uma representação local de tradições culturais alheias.

A intencionalidade do processo levou, por um lado, a uma busca de racionalidade enquanto esforço por obter efeitos previstos através de ações eficazes; e, por outro lado, à determinação de alcançar os desígnios dos colonizadores na forma de um projeto intencional alheio às aspirações da massa da população conscrita como força de trabalho. Em nenhum momento, no curso do processo de colonização, esses contingentes envolvidos na produção constituem uma comunidade que exista para si, um povo com aspirações próprias que possa realizar como requisitos elementares de sua sobrevivência e prosperidade. Constituem, de fato, um combustível humano em forma de energia muscular, destinado a ser consumido para gerar lucros.

Pouco a pouco vai surgindo uma contradição irredutível entre o projeto do colonizador e seus sucessores e os interesses da comunidade humana resultante da colonização. Ou seja:

entre os propósitos e os procedimentos da classe dominante, subordinada, e a maioria da população que ativava o empreendimento, primeiro colonial, depois nacional. Para essa população o desafio colocado ao longo dos séculos foi o de amadurecer como um povo para si, consciente de seus interesses, aspirante à coparticipação no comando de seu próprio destino. Dada a oposição classista, tratava-se de conquistar essas metas através da luta contra a classe dominante gerencial da velha ordenação social. Ainda hoje esse é o desafio principal com que nos defrontamos todos nós latino-americanos.

ဆာ

A expressão América Latina alcança conotações altamente significativas na oposição entre anglo-americanos e latino-americanos, que, além de seus diversos conteúdos culturais, contrastam mais fortemente ainda quanto aos antagonismos socioeconômicos. Aqui, os dois componentes se alternam, como a América pobre e a América rica, com posições e relações assimétricas de poderio em um polo e dependência no outro. Pode-se dizer que, de certa forma, é principalmente como o outro lado da América rica que os latino-americanos melhor se reúnem debaixo de uma mesma denominação.

Outra conotação bipolar origina-se na visão de outros povos com respeito à América Latina, que unifica e confunde nossos países como variantes de um mesmo padrão de povos, resultantes todos da colonização ibérica e vistos todos como atrasados e subdesenvolvidos. Essa visão arquitetônica externa, apesar de construída com as vantagens e os inconvenientes da distância e da simplificação, talvez seja a mais verdadeira. Por que insistimos que somos brasileiros e não argentinos, que nossa capital é Brasília e não Buenos Aires? Ou que somos chilenos e não venezuelanos, ou que nossos ancestrais indígenas são os incas, porque os astecas são dos mexicanos? O observador distante poderia argumentar: por acaso todos vocês não são os descendentes da matriz indígena? Os resultantes da colonização ibérica? Não se emanciparam todos no curso de um mesmo movimento de descolonização? Ou não são os que, depois de independentes, hipotecaram seus países, sem distinção, aos banqueiros ingleses? Vocês se reconhecem ou não como os que foram e estão sendo recolonizados pelas corporações norte-americanas?

Por sobre todos esses fatores de diversificação e de unificação, o motor de integração que operou e ainda opera na América Latina, forjando sua uniformidade cultural e prometendo concretizar amanhã sua unidade sociopolítica e econômica, reside no fato de sermos o produto de um mesmo processo civilizatório – a expansão ibérica – que aqui implantou seus rebentos com prodigiosa capacidade de crescer e se multiplicar.

Frente a essa unidade essencial do processo civilizatório e de seus agentes históricos – os ibéricos –, as outras matrizes aparecem como fatores de diferenciação. Os grupos indígenas – variados como eram em suas pautas culturais e em seus graus de desenvolvimento – só teriam contribuído para a diversificação se houvessem sido o fator preponderante. Os núcleos africanos, por sua vez, originando-se de uma infinidade de povos, também teriam criado múltiplos rostos no Novo Mundo se houvessem imposto seus elementos culturais de forma dominante.

A unidade essencial da América Latina decorre, como se vê, do progresso civilizatório que nos plasmou no curso da Revolução Mercantil – especificamente, a expansão mercantil ibérica –, gerando uma dinâmica que conduziu à formação de um conjunto de povos, não só singular frente ao mundo, mas também crescentemente homogêneo. Mesmo quando sobreveio um novo processo civilizatório, impulsionado, desta vez, pela Revolução Industrial, e a América Latina se emancipou da regência ibérica – e no mesmo impulso se fragmentou em múltiplas unidades nacionais –, aquela unidade macroétnica se manteve e se acentuou. O processo civilizatório que opera nos nossos dias, movido agora por uma nova revolução tecnológica – a termonuclear –, por mais que afete os povos latino-americanos, só poderá reforçar sua identidade étnica como um dos rostos pelo qual se expressará a nova civilização. É até muito provável que engendre a entidade política supranacional que, no futuro, será o quadro dentro do qual os latino-americanos viverão o seu destino. Dentro desse quadro se destacarão mais visíveis e afirmativas do que hoje algumas nacionalidades indígenas (quéchua, aimará, maia, mapuche, etc.) atualmente oprimidas. Mas o cenário macroétnico dentro do qual todos os povos do subcontinente coexistirão, terá uma feição ibero-americana.

TIPOLOGIA POLÍTICA LATINO-AMERICANA*

Propus uma vez uma tipologia ideal dos regimes e das formas de militância política da América Latina.[1] Ela não é satisfatória, bem sei. Mas é, provavelmente, melhor do que as classificações inexplícitas que se encontram tanto nos textos de ciência política como na linguagem corrente. Uns e outros empregam os termos *democracia, fascismo, revolução, radical, liberal* e muitos outros, das formas mais contraditórias e desencontradas. Quase tão desencontradas como as autodesignações dos partidos políticos e dos regimes da América Latina que jamais poderiam ser entendidos, no que são, pelos nomes que se dão. Volto hoje ao tema num rápido reexame, deliberadamente provocativo, porque desejaria suscitar um debate sobre a forma, o conteúdo e a eficácia dos regimes e dos tipos de ação política que se observam entre nós.

A tarefa envolve grandes dificuldades, a começar pelo fato de que só busca classificar alguma coisa quem supõe que ela existe num limitado número de variáveis, mutuamente exclusivas, e que cada uma delas se deixa reconhecer por atributos distintivos. É muito duvidoso que isso ocorra em matéria política. Neste campo não se pode pretender mais que definir alguns paradigmas dos quais se aproxime, em maior ou menor grau, cada uma das formas reais de conduta política. O problema se complica, no nosso caso, porque não pretendemos apenas acrescentar um discurso a mais ao debate dos politicólogos. Nosso propósito é construir uma tipologia válida

---

* Publicado originalmente em *Nueva Política* (nov. 1976), do México; incluído depois num livro em Lisboa (1976) e reeditado em *Contexto* (nº 2, 1977), de São Paulo.

[1] *El Dilema de América Latina*, México, 1979, 8ª ed. (Siglo XXI). A primeira edição brasileira é de Vozes, 1978.

para a análise científica e útil como instrumento de ação política. Só assim ela poderá contribuir para superar tanto a fatuidade dos politicólogos como a esterilidade da maioria dos estudos exegéticos de base marxológica.

CONFUSÃO E PERPLEXIDADE

O que me preocupa é sair da névoa confusa da adjetivação política que induz tantos a falar, tão enfática como irresponsavelmente, de "democracia mexicana", de "fascismo peruano" ou de "revolução brasileira". Como explicar tamanha confusão? Seríamos os latino-americanos tão singularmente atípicos que aqui todos esses conceitos, mais ou menos tranquilos para todo o mundo, entrariam em confluências e ambiguidades? Não seria essa confusão toda resultante da velha alienação colonial que só nos deixa ver a nós mesmos com a visão alheia, metropolitana? Creio mais na segunda hipótese. Isto é, que parecemos tão confusos não por sermos muito complexos e singulares, mas pela incapacidade de olhar diretamente nossa própria realidade e de buscar explicá-la em termos significativos para nós mesmos. Nesse sentido pode-se afirmar que a confusão terminológica revela males mais graves, que são a alienação mental e a indigência teórica.

Só assim se explicam paradoxos tão nossos como os de classificar de "fascistas" os regimes de Vargas e Perón, vistos pelas grandes massas, do Brasil e da Argentina, como os mais favorecedores de seus interesses. Ou a ingenuidade de ironizar a revolução mexicana ou a peruana como se as únicas revoluções dignas desse nome fossem as socialistas. Ou ainda, o simplismo de colocar em duas grandes categorias, o "fascismo" e o "socialismo", todas as formas de ação política da América Latina. Ou finalmente, tratar como "populismos" governos e lideranças tão diferentes como os de Cárdenas,

Perón, Fidel ou Allende; e como "burocracias autoritárias" regimes militares tão opostos um ao outro como o brasileiro e o peruano atuais.

O que se faz habitualmente nesses estudos é comparar modos de ação política observáveis entre nós com arquétipos tomados da análise de outras realidades. O resultado é apresentar nossos regimes como se fossem irremediavelmente precários e espúrios, e nossa conduta política como se correspondesse a ridículas tentativas de imitar a conduta alheia. É certo que a principal fonte de nossas ideias políticas é exógena. Também é certo que nossas formas de conduta política são frequentemente miméticas. O mais certo, porém, é que não estamos representando uma farsa política, e sim vivendo situações dramáticas de despotismo e opressão e de sucessivas frustrações de revoluções abortadas.

Nessas mesmas análises ignora-se com frequência que nossas precárias condições políticas não se opõem a nenhuma institucionalidade democrática completamente amadurecida. Ninguém, em parte alguma, criou instituições que permitam ao povo constituir ou derrubar governos sem intermediações ou manipulações. O máximo que se conseguiu – e que alimenta o orgulho de tantos ingênuos – está estigmatizado por mistificações e até mesmo pela corrupção e a falsidade. Nessas condições, os nossos esforços por reduzir a uns poucos tipos as múltiplas formas de pensamento e de ação política que se registram entre nós, devem limitar-se ao estudo comparativo das nossas próprias formas de vivência política. Só encarando objetivamente a nossa própria realidade e repensando criticamente a nossa experiência, verificaremos que ela pode ser tida como *necessária* em razão das forças históricas que a conformaram. Mas, ao mesmo tempo, pode ser tida como *contingente* e, portanto, alterável, se tivermos a sabedoria de orientar as forças da causalidade no rumo dos interesses nacionais e populares, assim como elas foram orientadas até agora em sentido oposto. Para alcançar esse objetivo, urge proceder à revisão da nossa terminologia política e fazer a crítica correspondente das teorias que pretendem descrever e explicar nossa realidade à base de conceitos calcados em outros contextos.

Essa revisão crítica é imperativa para a esquerda latino--americana, cuja indigência teórica só nos tem feito experimentar fracassos. Estes foram tantos e tão dramáticos, na última década, e nos fizeram perder tantas posições de poder que nosso tempo será tido, na história, como a era da grande confusão teórica e das grandes frustrações políticas. Na raiz desses fracassos está, sem dúvida, a capacidade política dos adversários que nos venceram. Mas também estão nossas próprias deficiências. Clarividência é a munição de que mais necessitamos para levar adiante as revoluções possíveis na América Latina. Sobretudo, nesta altura da década de 1970 em que, despojados das estratégias revolucionárias em que mais confiávamos, somos desafiados a traçar novas "linhas" que só serão mais eficazes se forem mais lúcidas.

Na verdade, até a revolução cubana e o voluntarismo que ela alentou, a estratégia das esquerdas latino-americanas era a linha aliancista dos partidos comunistas. Ela não conduziu nenhum movimento à revolução e, de fato, não se propunha a fazê-lo, mesmo porque estava orientada mais para melhorar a ordem vigente do que a transformá-la desde suas bases. A vitória dos revolucionários cubanos veio desmoralizar tanto o "frente-unionismo" como o conservadorismo característico da linha política dos comunistas ortodoxos. À luz das concepções daquela linha, a vitória cubana pareceria um fruto da "ignorância", uma vez que, se Fidel e Che Guevara soubessem o que sabia qualquer dirigente comunista formado segundo as melhores teorias da época, não teriam ousado saltar de uma situação neocolonial a uma revolução socialista.

Mas em sua "inocência" eles o lograram e, desse modo, não só consolidaram a única revolução socialista do continente como também pareceram abrir um novo caminho à revolução social.

Todos se puseram, desde então, a teorizar a experiência de Cuba na forma de uma estratégia voluntarista que reduzia a revolução social a uma operação guerrilheira. Segundo essas "leituras" da experiência cubana, qualquer grupo revolucionário que subisse à montanha, ali resistindo alguns meses, se expandiria depois numa ofensiva que o levaria ao poder. Dezenas de grupos muito mais numerosos tentaram repetir o milagre cubano em quase todas as nações da América Latina. Só conheceram fracassos porque nenhum deles era a cabeça de um *iceberg*, como os guerrilheiros de Sierra Maestra, integrados numa ampla organização política de massas urbanas – o movimento de 26 de julho – e comandados por quem era, já então, o principal líder popular cubano.

As esquerdas latino-americanas, desiludidas do "quietismo" dos comunistas e depois do voluntarismo dos cubanos, entraram na década de 1970 órfãs e perplexas. A duras penas haviam aprendido, por um lado, que as ações armadas, embora tivessem algum valor de contestação onde nenhuma outra resposta política era viável, não constituíam uma porta aberta a uma revolução fácil e rápida. Aprenderam, por igual, que não é prudente esperar que surja, na América Latina, o proletariado que Marx – e depois dele gerações e gerações marxistas – esperou toda a vida ver alçar-se nos grandes centros industriais como uma força revolucionária irresistível.

Nos últimos anos, um terceiro caminho, ainda mais desafiante, se insinuou no Chile, configurando-se, para uns, como uma incitação e, para outros, como um engodo da história. Parecia que ali, em 1971, se repetiria na forma de um *socialismo evolutivo*, o que ocorrera na Rússia de 1917 na forma de um *socialismo revolucionário*. Assim como a revolução operária e a ditadura do proletariado esperada para a Alemanha industrializada acabara cristalizando-se na Rússia atrasada, um movimento histórico equivalente ocorrera no Chile. Nos dois casos, porém, o socialismo não surgia como a superação do capitalismo industrial, assentado no saber tecnológico e na riqueza que ele acumulara. Surgia, isto sim, como um instrumento da aceleração evolutiva capaz de levar ao pleno desenvolvimento nações imersas no atraso. Aparentemente no Chile se inaugurava, sobre o atraso latino-americano, o socialismo-em-liberdade vaticinado, pelos teóricos mais otimistas, para a França e a Itália com seus grandes partidos de esquerda. Supunha-se que no Chile se experimentava historicamente a viabilidade da marcha ao socialismo dentro de um regime parlamentar multipartidário e sob a vigilância de forças armadas que, de guardiãs da velha ordem privatista e minoritária, se converteriam em sustentáculos da nova ordem socialista e majoritária. O desastre chileno comoveu a todos nós. Comoveu a tantos que quase todos se esqueceram prontamente que a "via chilena" tinha algumas possibilidades de vitória. Dela nunca duvidaram as classes dominantes chilenas. Bem sabiam que enfrentavam um perigo mortal, uma vez que, se Salvador Allende conseguisse manter-se no poder por dois anos mais, tornaria irreversível a marcha para o socialismo no Chile.

Decepcionadas com a mediocridade dos resultados do "frente-unionismo" dos comunistas, desalentadas com as frustrações da ação guerrilheira, traumatizadas com o retrocesso contrarrevolucionário chileno, as esquerdas latino-americanas, derrotadas e perplexas, buscam novos caminhos. Alguns, à falta de uma rota mais viável, voltam ao aliancismo dos comunistas ortodoxos, esperando ter assim a oportunidade de participar e de influenciar – a partir de uma posição socialista – em processos políticos dos quais jamais poderiam ter o comando. Outros, se desesperam em gestos de puro desvario, como o de pagar-se com palavras, pregando revoluções de utopia ou se entregam à contrarrevolução ao se oporem, de fato, a todas as formas possíveis de ação política concreta, acusando-as de reformistas e espúrias. Uns poucos intelectuais iracundos se indignam tanto contra a esquerda ortodoxa como contra a desvairada. Com isso se isolam, revoltados contra os tempos adversos que lhes coube viver e contra as massas populares impotentes que eles se supunham chamados a ativar. Somente alguns radicais europeus, totalmente desiludidos de ver concretizar-se uma revolução em seus próprios países e uns poucos "revolucionistas" universitários, continuam pregando a luta guerrilheira como a única via para a revolução latino-americana. Os próprios grupelhos de ação direta, entregues a uma escalada de operações violentas, já sabem que sua atuação tem unicamente valor contestatório.

O CENÁRIO E OS PROTAGONISTAS

A mágoa decorrente dessa impotência teórica e prática pode ser desastrosa se as esquerdas não forem capazes de transformá-la em lucidez sobre o processo político latino--americano. Não uma lucidez contemplativa que se contente em fazer do exercício da inteligência um ato de fruição. A lucidez que a esquerda é chamada a exercer, a partir de suas poucas forças e muitas fraquezas, é aquela que coloque todas as suas energias intelectuais a serviço da única tarefa espiritual importante para povos fracassados na história: a busca dos caminhos concretos de sua revolução. Essa busca será, porém, mero exercício de erudição se se exercer, outra vez, como exegese de textos sacralizados ou como novos esforços por ilustrá-los com exemplos nativos. O que se necessita é desvendar criteriosamente as causas dos insucessos históricos, as razões dos fracassos recentes para, à luz desse conhecimento, desenvolver tanto a estratégia de como desencadear a revolução necessária, como o projeto de renovação intencional das sociedades latino-americanas.

O primeiro requisito teórico para alcançar essa lucidez está no desenvolvimento da capacidade de ver objetivamente e diagnosticar com realismo as conjunturas políticas em que nós, latino-americanos, atuamos. Não se trata, evidentemente, de descobrir um "mapa da mina" ou de adquirir uma bússola prodigiosa que nos oriente com toda segurança à vitória, quaisquer que sejam as circunstâncias. Trata-se, tão somente, de nos permitir ver melhor o terreno que pisamos, de avaliar mais objetivamente os riscos que estamos enfrentando e de conhecer melhor os protagonistas com que interagimos. Para as forças conservadoras é fácil reconhecer-se a si próprias, definir suas possíveis massas de manobra e identificar seus inimigos. Para as forças revolucionárias tudo isso é muito mais complexo, porque elas partem, necessariamente, de uma visão alienada de si mesmas e do mundo que só podem corrigir através de uma crítica árdua e porque necessitam exercer um esforço intelectual muito mais profundo e continuado para se encontrarem, se expressarem e se organizarem como forças que existam e atuem para si próprias. Um passo importante nesse sentido será dado no momento em que contarmos com um conjunto coerente de conceitos descritivos que permitam diagnosticar o caráter dos regimes políticos e identificar as forças que os sustentam ou que a eles se opõem.

A maior parte das análises políticas correntes se contenta com uma classificação tipológica bipolar que configura nos cenários políticos um polo conservador ou mesmo reacionário, a *direita*, e um polo progressista ou até revolucionário, a *esquerda*. Embora aceitemos essas expressões, não podemos restringir-nos a elas se queremos aprofundar a análise do cenário político latino-americano. Para tanto se impõe a construção de uma tipologia explícita de categorias mutuamente excludentes que nos proporcione um quadro conjunto do nosso cenário político, uma caracterização dos atores que nele atuam e uma visão crítica de suas metas e seus estilos de ação. É de todo provável que, armados com um instrumento operativo dessa ordem, estejamos em melhores condições de atuar revolucionariamente no cenário político em que nos movemos.

TIPOLOGIA DAS LIDERANÇAS POLÍTICAS LATINO-AMERICANAS

ELITISTAS	ANTIELITISTAS	VANGUARDISTAS
Patriciais	*Populistas*	*Esquerdistas*
Autocráticas	*Reformistas*	*Comunistas*
Patriarcais		Ortodoxos
Tirânicas		Heréticos
Regressivas	*Modernizadoras*	*Insurgentes*

A nosso ver, essa classificação tripartida permite identificar no sistema político latino-americano, do passado e do presente, três modalidades de regimes políticos e de militâncias partidárias. Primeiro, a *elitista* em suas duas feições, a *patricial*, dos políticos-profissionais integrantes dos partidos conservadores de estilo tradicional e a *autocrática*, que identifica tanto as ditaduras patriarcais como as tirânicas e as regressivas. Segundo a categoria *antielitista*, que compreende os estilos políticos populista e reformista e as lideranças nacionalistas-modernizadoras. Em terceiro lugar, as *vanguardas*, nominalmente revolucionárias que, por sua vez, compreendem os estilos de ação política *esquerdista*, *comunista* e *insurgente*. Nos tópicos seguintes procuraremos definir os diversos componentes dessa tipologia.

LIDERANÇAS ELITISTAS

A primeira categoria geral compreende as *elites* mandantes. Quer dizer, os protagonistas *patriciais* ou *autocráticos* que exerceram tradicionalmente o poder na América Latina depois da Independência, como se tivessem para isso uma delegação tácita. Com respeito a ambos pode-se observar que são normais as sucessões dentro de cada categoria e que mesmo as alternâncias de uma categoria a outra são meros golpes. Não chegam a constituir nenhuma ameaça revolucionária porque, em nenhum caso põem em risco as bases institucionais da ordem social. Especialmente a propriedade fundiária, os contratos de exploração estrangeira e as formas de compulsão da população ao trabalho, defendidas com quase igual vigor por toda a velha elite.

Não obstante esse amplo denominador comum, que justifica tratar os patrícios e os autocratas como membros de uma mesma elite, verificam-se diferenças significativas entre eles, além do fato de as lideranças patriciais serem geralmente civis e as autocráticas, geralmente militares.

O *patriciado político* se apresenta, em cada conjuntura, ordenado num conjunto de partidos conservadores formalmente opostos uns aos outros na disputa pelo exercício do poder e pelo usufruto de suas prebendas. Seu estilo é encarnado por líderes vetustos, recrutados entre cidadãos eminentes, raras vezes entre os mais cultos e mais raramente ainda entre os mais ricos. Essas elites patriciais se sentem e são, verdadeiramente, responsáveis pela ordem vigente, cujas bases institucionais seus políticos fixaram na Constituição e nas leis e cuja manutenção suas tropas defenderam sempre que necessário. Quando se fala em reformas sociais profundas, como a libertação dos escravos, a reforma agrária, a limitação da exploração estrangeira ou a liberdade sindical está se falando em refazer a ordem legal que o patriciado instituiu e que os regimes autocráticos que os substituíram, nas épocas de crise, ajudaram a conservar.

O sistema patricial, instaurado como a cúpula política de uma civilização agrária, arcaica e mercantil, tem no fazendeiro (a figura predominante na sociedade e na economia) seu agente político fundamental. Seus votos, que eram originariamente dos poucos reconhecidos – enquanto só votavam os proprietários – se multiplicaram, depois, pelo número de seus dependentes. Como estes constituíam a maior parte da nação, o fazendeiro se faz um supereleitor, cujos interesses econômicos e aspirações de mando local se impõem às elites políticas. Apesar de seu caráter elitista, esse sistema político alcançou um alto grau de congruência e continuidade porque correspondia ao desigualitarismo da sociedade e porque se beneficiava de sua estabilidade estrutural. Alcançou até certa legitimidade porque o fazendeiro, convertido em chefe político regional, ganhava o apreço de seu eleitorado pela proteção que lhe dava contra violências da polícia e pelas festas e agrados que lhe proporcionava por ocasião das eleições.

Regimes patriciais lograram reger, por décadas, a vida política da maioria dos países da América Latina nos períodos de prosperidade econômica. Periodicamente se sucediam no poder os partidos "liberais" ou "democráticos", ou que nome tivessem, conduzindo, em cada caso, ao executivo e ao parlamento seu plantel de políticos profissionais, através dos quais obtinham os privilégios que o exercício do governo proporciona, isto é, favores e empregos para uma vastíssima clientela.

Os políticos profissionais, sua corte de funcionários e outros beneficiários constituíam os agentes efetivos do sistema patricial já que só para eles tinha sentido a luta pelo poder. A massa popular entrava no jogo político na qualidade de participante do espetáculo eleitoral, ao qual comparecia como a uma festa. Para essa massa, a disputa do poder não tinha maior importância, se não a de contentar o caudilho ou burocrata que pedia seu voto. Não obstante, aqueles agentes conseguiam, às vezes, despertar tanto entusiasmo por suas lutas políticas como o provocado, hoje, pelos clubes de futebol. É o caso dos partidos *Blanco* e *Colorado* do Uruguai que, ao utilizar os distintivos surgidos nas lutas da Independência, impregnavam o ato eleitoral de tamanha carga emocional, fazendo crer que da vitória de uns ou de outros dependeria o destino do país.

Nos períodos de crise econômica – particularmente depois de 1930 – os regimes patriciais cedem o poder a autocracias, que resguardam as instituições das agitações populares, então desencadeadas. Em muitos países, as mesmas elites políticas voltaram ao poder, nas últimas décadas, com roupagens renovadas, na forma de restaurações patriciais, como os "desenvolvimentistas" de Juscelino Kubitschek, no Brasil, os "adecos" (Ação Democrática), na Venezuela, o condomínio bipartidário da Colômbia ou os democratas-cristãos no Chile, no Peru e na Venezuela.

O patriciado via a si próprio como uma elite de agentes civilizadores que encarnavam nos precários cenários sociais e políticos latino-americanos o papel das burguesias heroicas, sobretudo a francesa. Efetivamente, instituíram uma ordem civil e compuseram uma sociedade política, mas só o fizeram para benefício de um estreito círculo de privilegiados que garantiu para si o gozo de direitos em meio à iniquidade e o despotismo que recaíam sobre as grandes maiorias da população trabalhadora, escrava e ex-escrava. É notório que essa democracia de participação limitada contrasta com a grande façanha dos norte-americanos, que foi a de instituir uma economia nacional autônoma e uma ordem civil democrática capaz de incorporar a maioria da população. Foi comprometendo a todos com essa ordem institucional que se criou um "povo". Sua participação na vida política e o exercício de direitos fundamentais viabilizaram a própria ordenação social classista e, dentro dela, a hegemonia burguesa.

Aqui, o máximo que se alcança é uma democracia restrita à igualdade dos pares. E assim é porque as classes dominantes latino-americanas são, de fato, muito mais parecidas com o patriciado escravista romano do que com qualquer burguesia clássica. Embora citando os clássicos de institucionalidade burguesa e até copiando constituições e leis europeias e norte-americanas, essas elites o faziam como atos ostentatórios. Tomavam todo o cuidado de que nenhuma liberalidade pusesse em risco a continuidade da velha dominação oligárquica sobre a população, nem os vínculos de dependência externa. Vale dizer, precisamente aquilo que a ordem burguesa promoveu em outras partes.

Com a superação da civilização agrária e a emergência da civilização urbano-industrial vão desaparecendo as bases da dominação patricial. O eleitorado, concentrado nas cidades, libera-se do mando político do patrão e começa a alcançar condições para uma conduta cidadã. Seu primeiro impulso, fruto de frustrações seculares, é opor-se às velhas elites patriciais, buscando novas lideranças autocráticas que se opusessem expressamente à velha ordem e prometessem assegurar-lhes o direito à dignidade de cidadãos e de trabalhadores livres frente ao governo e aos patrões.

ELITES AUTORITÁRIAS

Os *regimes autocráticos*, apesar da imagem vulgarizada de um poder discricionário propenso ao despotismo e à iniquidade, foram frequentemente mais progressistas que os patriciais. A muitos deles – que designamos *patriarcais* – se deve, primeiro, à organização do quadro nacional, à fixação das fronteiras e à estruturação da sociedade civil. E, depois, algumas reformas substanciais como a abolição da escravatura, a liberdade sindical e até ousadias como o enfrentamento direto com o patronato urbano e com os "testas de ferro" dos interesses estrangeiros, façanhas que não podem ser creditadas a nenhum regime patricial.

Dentre os primeiros regimes autocráticos patriarcais são assinaláveis as *autocracias unificadoras* de Rosas na Argentina, Portales no Chile, Juárez no México, Francia e López no Paraguai. Dentre os últimos se situam os governos autocráticos de perfil patriarcal revestidos com certo grau de responsabilidade social frente às grandes maiorias da população. Eles inauguram o estilo *nacional-sindicalista* com Vargas no Brasil e Perón na Argentina que, contando com enorme apoio de massas, promoveram reformas sociais e administrativas e contribuíram poderosamente para incorporar as novas massas urbanas na vida social e política da nação.

A imagem despótica dos regimes autocráticos se justifica pelo grande número de ditaduras que, em lugar da feição patriarcal, encarnam formas cruamente tirânicas. Enquadram-se nesse caso os três padrões de *autocracias tirânicas*. Primeiro, as *ditaduras clientelistas* de Pérez Jiménez na Venezuela, de Rojas Pinilla na Colômbia e de Odría no Peru. Segundo, a variante *despótica*, típica das autocracias latino-americanas, que configura toda uma galeria de ditadores tenebrosos como Somoza, Ubico, Trujillo, Batista, Stroessner, Duvalier, exibindo a degradação extrema das estruturas de poder.

A terceira modalidade, as autocracias *regressivas e repressivas* do tipo implantado no Brasil de Castelo Branco, na Argentina de Onganía, na Bolívia de Bánzer e no Chile de Pinochet, etc. Embora frequentemente caracterizadas como fascistas, elas se aproximam mais ao estilo salazarista ou franquista que corresponde à deterioração do poder em sociedades que não contam com classes dominantes capacitadas para o desempenho "burguês".

Não chegam a ser fascistas porque aqueles regimes, apesar de toda a sua iniquidade, revelaram preocupações nacionalistas, de atendimento a reivindicações sociais de pleno emprego e de subsídio ao consumo que as referidas ditaduras não permitiram jamais. Contrastam também com o fascismo devido às características fundamentais deste como regime nacionalista de direita voltado para a defesa do capital monopolista e comprometido, por isso, com plutocracias industriais e financeiras. Dizer que os regimes autocráticos desse tipo da América Latina são "fascistas-coloniais" só contribui para confundir ainda mais o assunto.

Seu caráter distintivo parece ser o de elites autocráticas de extração militar, oriundas da Guerra Fria, que assumem o poder em situações de profunda crise política em sociedades cujas classes dominantes, sentindo-se ameaçadas, apelam para as forças armadas como única maneira de conservar sua hegemonia. Caracterizam-se também por sua tendência ao retrocesso na política nacionalista dos regimes que os antecederam; à regressão nas conquistas sociais alcançadas pelos trabalhadores e à repressão mais violenta contra toda oposição, sobretudo à de esquerda. É também característica a pouca importância que esses regimes atribuem à legitimação formal do exercício do poder. Em alguns casos ela se reduz à afirmação da necessidade de fazer frente a uma suposta ameaça "comunista". Em outros, se contenta em substituir os procedimentos formais de legitimação pela propaganda mais demagógica. Em todos os casos substituem o estado de direito e a institucionalidade republicana por éditos com força constitucional; as antigas eleições universais, por votações indiretas ou fictícias entre candidatos selecionados por seu reacionarismo; os velhos partidos por novas organizações de consagração de todos os atos governamentais.

Esses regimes *regressivos*, surgidos como reação a supostas ameaças revolucionárias, são tanto mais *repressivos* quanto maior tenha sido o pavor que as referidas ameaças provocaram nas classes dominantes. No Chile, contrapondo-se a um governo em marcha para o socialismo e que enfrentou com firmeza as ameaças de golpe militar, o regime contrarrevolucionário alcançou extremos de retrocesso social e de violência repressiva.

Uma vez implantados, os regimes *regressivos e repressivos* se ocupam de imediato em destruir as organizações políticas e sindicais preexistentes; da abertura da economia à exploração das empresas multinacionais e de assegurar a livre movimentação dos capitais estrangeiros. Cuidam também de "sanear" os quadros da burocracia governamental, do parlamento e do judiciário, a fim de colocar todo o poderio do Estado a serviço exclusivo das classes privilegiadas. As três ordens de ação têm como somatória um regime antinacional e antipopular de extremado autoritarismo, mas desprovido de um projeto próprio de desenvolvimento nacional.

AS ANTIELITES

A segunda categoria geral de nossa tipologia – a antielitista – é formada por militâncias políticas relativamente recentes que se opõem às elites tradicionais, buscando substituí-las no exercício do poder como lideranças pretensamente mais atentas às aspirações das grandes maiorias populares. Compreendem tanto regimes de feição *democrática* – porque legitimados por eleições e relativamente consentidos – como regimes de caráter *autoritário*, embora aqui esses termos se tornem ainda mais ambíguos do que no caso das elites. Com efeito, as antielites oriundas de eleições não representam nenhuma garantia de uma ação de governo identificada com os interesses nacionais e populares. Por outro lado, as antielites que surgem de golpes ou revoluções são, com frequência, mais autônomas frente às velhas classes dominantes e mais capazes de enfrentá-las para defender uma política nacionalista e nacional-reformista.

Nosso paradigma de ação política antielitista compreende, fundamentalmente, dois estilos de poder democrático-representativo, o *populista* e o *reformista* e um estilo de poder autoritário, o *nacionalista-modernizador*. Sua emergência corresponde a uma instância da modernização, em que a sociedade é ativada por processos intensivos de urbanização e industrialização, ou agitada por profundas mobilizações camponesas.

As antielites *populistas* são concebidas em nossa tipologia como aquelas lideranças oriundas de processos eleitorais que atuam em movimentos partidários de mobilização popular de caráter intrinsecamente demagógico e que se organizam como governos personalistas e conservadores. Seu tema político fundamental é a denúncia dos regimes patriciais, a consagração do líder populista e a formulação de reivindicações classe-medistas. Manipulam esses temas, porém, tão somente para empolgar o poder que exercem com um estilo demagógico mas sem pôr jamais em risco a ordem tradicional. Tal como ocorre com as velhas elites patriciais, as antielites de políticos profissionais são invariavelmente fiéis aos interesses do patronato, sobretudo do rural e das empresas estrangeiras. Exemplificam esse modelo as lideranças de Ademar de Barros e Jânio Quadros no Brasil, de Irigoyen e Frondizi na Argentina, de Alessandri Palma, Ibánez e González Videla no Chile e de Velasco Ibarra no Equador. É óbvio que existem grandes diferenças entre as lideranças citadas. Estamos mais atentos, contudo, para suas semelhanças que recomendam tratá-las como uma categoria tipológica própria, relativamente heterogênea, mas claramente oposta aos demais padrões de atuação política antielitista ou vanguardista.

As antielites reformistas são, ao contrário, lideranças políticas relativamente autônomas com respeito ao empresariado nacional ou o estrangeiro, o rural ou urbano. Estão, ao mesmo tempo, profundamente comprometidas com as classes populares, particularmente com os proletariados industriais e com as massas recém-urbanizadas, carentes de organização no plano sindical e de identidade própria no campo político. Como tal, são lideranças intrinsecamente não demagógicas e ativamente reivindicativas.

Essas características não decorrem de nenhuma virtude moral mas da circunstância em que atuam, como porta-vozes políticos de trabalhadores assalariados que têm reivindicações de liberdade sindical, de aumento de salários, de reconhecimento social e muitas outras que são iniludíveis. O líder reformista pode adiar a consideração de qualquer delas, mas, cedo ou tarde, terá de fazê-lo sob pena de perder a liderança para outro mais capaz de expressar as aspirações dessas massas. Seus quadros são recrutados, por um lado, nos meios sindicais e nos grupos políticos e intelectuais com eles identificados; e, pelo outro, nos grupos vinculados aos regimes autocráticos de estilo nacional-sindicalista. São exemplos típicos de lideranças reformistas, o *janguismo* no Brasil e o *peronismo* na Argentina. Enquadram-se também nessa categoria as figuras de Jacobo Arbenz da Guatemala, de Juan Bosch da República Dominicana, de Haya de La Torre do Peru e de Rômulo Betancourt na Venezuela. Estes dois últimos, apenas no seu primeiro período de ação política porque, mais tarde, ambos se enfileiraram na categoria de restaurações patriciais tardias, abertamente reacionárias.

Populistas e reformistas – embora tenham de comum tudo que justifica tratar a ambos como variantes das lideranças antielitistas – contrastam claramente uns com os outros por sua atitude frente ao povo e por seus propósitos frente à ordem social vigente. O *populista* fala ao eleitorado discursando sobre o que este supostamente deseja ouvir, no estilo do seu agrado, com o objetivo de obter seu voto para representá-lo nos órgãos de poder como um intermediário político melhor do que as antigas elites patriciais, mas igualmente fiel à ordem vigente e às velhas instituições. O líder *reformista*, enraizado nas massas assalariadas, busca organizá-las em sindicatos, ligas e associações para suas reivindicações diretas frente ao patronato, ao mesmo tempo que as põe em movimento no cenário político na defesa de suas aspirações de reforma da ordem social e de controle da máquina estatal de formulação das políticas governamentais.

Algumas lideranças desses dois padrões conseguiram alcançar enorme prestígio junto às massas populares e impor-se sucessivamente a velhas elites civis e militares que vetam seu acesso ao poder. Porém, via de regra, têm um desempenho fugaz. Os *populistas* porque vêm desmascarada sua demagogia pelo próprio exercício do poder. Os *reformistas* porque conseguem mais facilmente assustar as classes dominantes com suas ameaças de promover reformas radicais, do que organizar as bases de massas e estruturar os dispositivos de segurança que permitam levá-las a cabo. Uma debilidade essencial dos reformistas reside em seu próprio caráter intrinsecamente conciliativo que os faz recuar sempre que a direita ameaça com a guerra civil; ou que o processo político que eles lideram se radicaliza ameaçando transcender e passar do reformismo à revolução. Mas reside também, principalmente talvez, em sua incapacidade de organizar politicamente o povo para a autodefesa contra o golpismo. Essas deficiências, sendo ambas superáveis – uma pela radicalização das antielites reformistas, a outra pela mobilização popular organizativa – abrem espaço para que novos partidos reformistas, assentados na classe trabalhadora, imponham um regime democrático de participação plena às elites tradicionais.

A terceira categoria de antielites – as *nacionalistas--modernizadoras* –, embora contrastando com as outras duas por seu caráter de regimes autoritários – têm em comum certos atributos que justificam compor com todas elas uma mesma categoria tipológica, oposta tanto às elites tradicionais como às vanguardas revolucionárias. Chamamos antielites *nacionalistas-modernizadoras* aos regimes autoritários – como o peruano ou de caráter institucional como o mexicano – oriundos de movimentos revolucionários e dotados de capacidade efetiva para um enfrentamento radical com as classes dominantes tradicionais, através de programas de reforma agrária e de contenção da exploração estrangeira. Nesse sentido, elas são mais "revolucionárias" do que "modernizadoras", nas acepções usuais desses termos, embora não propendam para a instauração de regimes socialistas e até constituam um obstáculo para que isso ocorra. Entretanto, o fato de ter sido assim até agora não impede que, no futuro, algum regime nacionalista-modernizador se oriente nesta direção. Nesse caso, eles poderiam constituir uma via de acesso a um modelo novo de regime de caráter solidário que representaria, ao lado dos socialistas-revolucionários de orientação marxista, um caminho alternativo para a reconstrução intencional da sociedade em bases que permitissem promover um progresso generalizável a toda a população.

Nosso paradigma para essa categoria é o que tiveram de comum, enquanto regimes políticos, a Turquia de Mustafá Kemal, o Egito de Násser, a Argélia de Boumedienne, o México de Cárdenas, a Bolívia do MNR e o Peru de Juan Velasco Alvarado. Trata-se, em todos os casos citados – e é isto o que eles têm de peculiar –, de nacionalidades oriundas de altas civilizações com as quais a Europa chocou-se em sua expansão, as quais ainda hoje conduzem dentro de si duas tradições culturais em conflito. Trata-se também de povos do Terceiro Mundo que fracassaram em seus esforços por integrar-se como economias autônomas e prósperas na civilização industrial moderna, vendo-se condenados a uma condição colonial ou neocolonial de dependência. Mais significativo talvez é o fato de se tratar de estruturas sociais que não conheceram classes dominantes nem classes oprimidas equiparáveis às europeias estudadas pelo marxismo clássico, e para as quais ele vaticinou duas ordens de desempenho político: a revolução burguesa e a proletária.

Os regimes nacionalistas-modernizadores se comportam frente às massas marginalizadas da população como movimentos políticos de integração das mesmas no quadro econômico, social e cultural, através da realização de profundas reformas sociais. As limitações que na maior parte dos casos esses regimes impõem à participação político-eleitoral se compensam, assim, pelo reconhecimento de direitos efetivos que sempre foram negados pelos regimes patriciais, como a liberdade de organização sindical e de greve e a reforma agrária. A atitude desses mesmos regimes para com os setores privilegiados da população está marcada por sua preocupação de proteger, mediante subsídios, os débeis empresariados nacionais. Nesse sentido, os regimes nacionalistas modernizadores parecem empenhados na tarefa impossível de criar, artificialmente, a burguesia nacional que a história não gerou em suas sociedades. Não conseguem, obviamente, alcançar esse propósito, mas em muitos casos criam empresariados nativos comprometidos com interesses estrangeiros que acabam por se constituir em setores hegemônicos. Colocam, então, os regimes nacionalistas-modernizadores a seu serviço – como ocorreu no México – ou chegam mesmo a proscrevê-los, como sucedeu na Bolívia.

Alguns contrastes podem ser observados entre os dois primeiros padrões antielitistas, a que nos referimos, e os movimentos nacionalistas-modernizadores. Existe, aparentemente, uma diferença de grau entre o *populismo* (demagógico mas conservador) e o *reformismo* (renovador mas autocontido); e de natureza entre ambos e o nacionalismo-modernizador (efetivamente capaz de empreender reformas sociais profundas, embora tendente a esclerosar-se). Essas diferenças, entretanto, não parecem ser tão significativas que justifiquem situar o padrão nacionalista-modernizador entre as vanguardas revolucionárias, ou de incluir os populistas e os reformistas na categoria de lideranças elitistas. Todos os três constituem modos intermediários de ação política situados entre o elitismo e o vanguardismo. Todos os três, também, embora em graus diversos, podem vir a transcender o desempenho que tiveram. Sobretudo o reformismo que, em certas situações, foi suficientemente radical para provocar contrarrevoluções preventivas que acabaram por desmontá-lo do poder devido à sua incapacidade de defender-se. E, particularmente, o nacionalismo-modernizador que, em um caso concreto – o peruano – avançou tanto no desmonte de uma velha ordem privatista e na criação de novas bases mais solidárias para a vida social que aparentemente só tem futuro como uma estrutura econômica que, não sendo capitalista, será necessariamente socialista; e uma institucionalidade que, não sendo liberal-burguesa, será alguma invenção solidarista.

O estudo dos regimes nacionalistas-modernizadores e das formas de ação política que eles ensejam tem a maior importância por tudo que foi dito e, também, porque sua concretização está no quadro de possibilidades de ação dos militares latino-americanos. Porque eles abrem às forças armadas a perspectiva de um novo papel político de agentes transformadores de suas sociedades. Um papel, aliás, muito mais gratificante que sua função tradicional de prepostos da velha ordem oligárquica. E finalmente porque, sendo a emergência desses regimes o maior temor dos norte-americanos, ela pode vir a ser, pelo menos, a esperança dos que não veem outras formas de ruptura com a dominação e o atraso em que estão mergulhados tantos países latino-americanos.

VANGUARDISMO REVOLUCIONÁRIO

A última categoria geral da tipologia que propomos à discussão é a das *vanguardas revolucionárias*. Elas são muito mais difíceis de conceituar porque constituem antes propensões do que modelos de regimes ou estilos de vivência política. Não fosse assim, teríamos de circunscrever esta categoria ao modelo *socialista-revolucionário* cubano e ao *socialista-evolutivo* que se tentou, sem êxito, implantar no Chile. Deixaríamos, porém, fora de nossa classificação alguns dos protagonistas das lutas pela transformação revolucionária da América Latina. Para não excluí-los é que admitimos colocar, ao lado de categorias referentes a estruturas de poder, isto é, a regimes políticos concretos e aos estilos de militância que lhes correspondem, uma categoria mais ambígua, formada pelas *forças insurgentes*. Estas últimas, na realidade, incluem mais autores do que atores, mais vocações militantes do que desempenhos históricos, mais insurgências potenciais do que revoluções cumpridas. Esses reconhecidos defeitos de sistemática na construção de nossa tipologia são menos importantes, contudo, do que o valor instrumental que ela pode vir a ter, se alcançar algum êxito na identificação de todas e cada uma das modalidades de militância conservadora e renovadora que se defrontam no cenário político latino-americano.

Ao nosso ver, as vanguardas podem ser classificadas em três subcategorias significativas e mutuamente excludentes. Temos, em primeiro lugar, as vanguardas *esquerdistas* que compreendem tanto a intelectualidade de esquerda como as militâncias revolucionárias socialistas e as esquerdas cristãs não identificadas com o marxismo como teoria orientadora de sua política. Elas são quase que exclusivamente provenientes das classes médias, atuam em partidos e movimentos de massa mas fervilham, principalmente, nas universidades, no jornalismo e nas artes que constituem seus principais campos de agitação. Assumem facilmente atitudes verbais ultrarradicais que as isolam tanto dos movimentos reformistas e das lideranças nacionalistas-modernizadoras, como das outras vanguardas com que estão sempre em competição.

Os *comunistas* constituem a segunda subcategoria das vanguardas virtualmente revolucionárias. Seu perfil é marcado pela pretensão de constituir o partido da classe operária e a encarnação de sua consciência política. E também pela orientação frente-unionista que os faz propensos a alianças com partidos de centro; pela identificação formal com o marxismo como teoria da revolução e, finalmente, por um alto grau de politização doutrinária, de organização, de hierarquização e de disciplina partidária. Seus dirigentes se originam também, principalmente, das classes médias intelectualizadas, embora alguns líderes sindicais, formados na prática política, também alcancem posições de liderança e mando. Embora homogêneos como categoria, os comunistas se dividem em agrupamentos mais hostis entre si do que diferenciados uns dos outros. Tais são: os *comunistas ortodoxos*, os mais conservadores e os mais identificados com as posições soviéticas; os *comunistas heterodoxos*, de orientação pró-chinesa e os *comunistas heréticos*, que são os remanescentes dos velhos movimentos trotskistas e anarquistas, bem como os antigos integrantes do voluntarismo que refluíram para posições comunistas. Enquadram-se ainda nesse escaninho os partidos socialistas de orientação marxista, como o Partido Socialista chileno e o MAS da Venezuela.

O último contingente é formado pelas vanguardas virtualmente *insurgentes*. Assim designamos os pequenos grupos de ação direta, tanto os núcleos clandestinos de combatentes da luta armada como sua orla de simpatizantes. Os primeiros atuavam, até há poucos anos, principalmente na guerrilha rural. Hoje, muito debilitados, se concentram em grupos urbanos de contestação armada. Eles encarnam tentativas dramáticas de reproduzir, em outros contextos, a revolução cubana, concebida como um caminho heroico, fácil e rápido de desencadear a revolução socialista. Em alguns casos, alcançaram extraordinária repercussão como na epopeia de Che Guevara, que quis fazer dos Andes uma gigantesca Sierra Maestra que libertaria toda a América Latina. O Che fracassou, é certo; mas a ousadia e generosidade de seu intento dignificou as esquerdas e deu à juventude de todo o mundo um novo modelo-imagem do herói revolucionário.

Em outros casos menos espetaculares, alcançaram êxitos pouco duradouros como nas ações ousadas dos Tupamaros, no Uruguai; ou nas tarefas de vigilância da política e de combate ao terrorismo de ultradireita do MIR chileno; e nas primeiras ações dos Montoneros, de apoio armado ao peronismo argentino. Entretanto a acumulação de malogros foi deixando evidente para a maioria dos grupos insurgentes a limitação desta forma de luta. Eles começaram, então, a perceber que de suas ações isoladas, por mais heroicas que fossem, não resultariam jamais uma revolução. Chegou-se, finalmente, a uma situação em que somente os quadros mais radicais daqueles grupos foquistas e os militares especializados no seu combate acreditam ainda que a guerrilha constitua uma porta à revolução social.

A orla de simpatizantes do voluntarismo revolucionário é, hoje, mais importante que os próprios grupos insurgentes, pela ação proselitista que desenvolve principalmente nas universidades e entre a juventude de classe média. Sua atuação, entretanto, mais vezes favorece à contrarrevolução do que à revolução devido às suas preocupações obsessivas de combater os movimentos comunistas como se eles fossem o inimigo principal da revolução; e de desmoralizar como reformista qualquer ação política da esquerda que não seja palavrosamente radical. Em muitos casos, caem em verdadeira alienação ao exigir de cada movimento revolucionário uma postura ideológica que corresponda estritamente ao que eles, em sua inocência e dogmatismo, supõem que seja o pensamento dos clássicos marxistas; e ao pedir que todo programa corresponda estritamente a um socialismo cerebrino, de utopia, e que se oponha a qualquer dos socialismos concretos que se estruturaram no mundo real. Em atenção a essas características foi que definimos, uma vez, essas facções insurgentes como uma esquerda desvairada que, esterilizando o pensamento marxista, se tornou incapaz de ver e compreender dialeticamente as conjunturas políticas concretas em que atua e só serve à contrarrevolução.

PERSPECTIVAS FUTURAS

Bem sabemos que a tipologia que acabamos de expor tem o defeito da ambiguidade, dificilmente evitável em qualquer tentativa de fixar numa classificação formas tão instáveis e vagas como o são as entidades políticas. Mas ela tem, provavelmente, o valor de proporcionar uma visão de conjunto dos principais protagonistas de arena política latino-americana; e talvez, também, o de permitir fixar as singularidades de cada um deles pelo contraste de seus traços característicos com a fisionomia dos demais.

Vista sob o ângulo dessa tipologia, a vida política latino-americana comparece na dinâmica da transição de regimes elitistas, impotentes para produzir uma "revolução burguesa", a regimes intermédios que também se frustraram historicamente na maioria de suas tentativas de melhorar a velha ordem institucional ou de promover reformas consentidas; e, finalmente, a crise presente de busca de novos caminhos para a revolução latino-americana.

O que fazem habitualmente os politicólogos é focalizar nossos modos de vivência política como uma série de formas precárias, "subdesenvolvidas", de concretização das instituições políticas europeias nesta província do Terceiro Mundo.

O que nos propusemos foi, ao contrário, configurá-los através da observação direta da realidade. O efeito principal deste enfoque, despido de prenoções, é ver os protagonistas políticos tais como são em suas funções de guardiães das instituições básicas da ordenação política e de defensores do *status quo*; ou, ao contrário, de agentes de sua transformação.

Visto sob essas luzes, o patriciado político tradicional – tratado quase sempre pelos estudiosos como o paradigma da normalidade e até da dignidade no exercício das funções de mando – comparece em seu verdadeiro caráter de agente ultraconservador das classes patronais, merecedor de toda a confiança delas por sua fidelidade, nunca negada, na defesa dos interesses antipopulares. Em lugar do papel que esse patriciado se atribui de autoridade que, revestida de legitimidade e consagrada pela tradição, pode enfrentar qualquer interesse privativista na defesa do que é público e majoritário, sua verdadeira função é legalizar a ordenação oligárquica e executar o projeto nacional que corresponde aos interesses das minorias privilegiadas. O contendor habitual dessa elite patricial é a elite autocrática que alterna com ela no poder, ocupando-o nos períodos de crise que ameaçam o sistema. Uma e outra, por sua função política e guardiã, embora conflitantes por vezes, contribuem para dar estabilidade e continuidade à velha ordenação social.

Essa cúpula intrinsecamente solidária da estrutura de poder se assenta no caráter das próprias classes dominantes latino-americanas. Aqui, em lugar de classes dominantes bipartidas, como as europeias, em dois componentes antagônicos – um aristocrático e o outro burguês – cujo enfrentamento conduziu à revolução "democrático-burguesa", o que encontramos são classes dominantes monoliticamente estruturadas. Embora também divididas em um componente *patronal* de empresários (que tira seu poder da exploração econômica direta) e outro *patricial-burocrático* (que obtém poder e prestígio pelo desempenho de cargos), ambos são solidários na defesa do velho regime que os serve e enriquece. Os mandatários políticos dessa estrutura são, em consequência, elites civis (patriciais) ou militares (autocráticas) que não têm nenhuma propensão a rupturas de estilo burguês porque são tão beneficiárias do velho sistema como o patronato.

Nessas condições, não se pode deixar de reconhecer que o principal fator causal de nosso atraso reside não em deficiências da terra ou do povo – como fizeram crer, por décadas, tantos teóricos – mas no caráter retrógrado das classes dominantes. Elas organizaram a nação e o Estado para servirem a seus próprios projetos de prosperidade, sem preocupar-se com o preço que essa prosperidade cobraria à grande maioria da população. Essas maiorias, ontem, eram massas escravas – indígenas ou negras – utilizadas como mera força energética. Hoje, constituem a massa de assalariados engajada no trabalho das fábricas, das minas, das fazendas, frequentemente sob condições de trabalho escorchantes. Pior ainda é a situação das camadas marginalizadas da população, cuja aspiração suprema é conseguir emprego fixo, ainda que em condições de superexploração e que nem isso alcançam.

Frente à mão de obra escrava, as velhas elites patriciais se comportavam como sustentáculo da instituição escravocrata, só abolida quando se tornou impossível salvá-la. Face aos primeiros surtos reivindicativos dos trabalhadores fabris, organizados por líderes "anarco-sindicalistas", o patriciado apelou para a repressão, tratando as questões sociais como "casos de polícia". Frente às massas marginais, o patriciado se atemoriza transferindo o poder a regimes regressivos e repressivos na esperança de que usem a violência para conter essas massas que, em seu desespero, tenderiam a subverter a ordem social.

À luz da perspectiva tradicional de análise das estruturas de poder da América Latina, os regimes autocráticos são vistos, invariavelmente, como sistemas intrinsecamente despóticos, decorrentes da deterioração da institucionalidade patricial. A nosso modo de ver, alguns regimes autocráticos foram historicamente mais independentes com respeito à defesa dos interesses das classes dominantes do que as elites patriciais. De fato, foram governos autocráticos os que, em muitos países da América Latina, promulgaram a independência, fizeram a unificação do país, promoveram a libertação dos escravos, propiciaram a liberdade sindical, além de desempenharem outros papéis libertários.

Nessa revisão da experiência política latino-americana cumpre assinalar, ainda, que a espantosa estabilidade e continuidade da velha classe dominante no exercício do poder – que é o seu grande êxito dentro da história – constitui, ao mesmo tempo, o signo de sua impotência evolutiva intrínseca para a revolução burguesa. A contraparte dessa impotência evolutiva das classes dominantes é a debilidade das classes oprimidas para atuar como força revolucionária. Essa incapacidade correlativa de classes antagonicamente opostas para desencadear, seja a revolução "burguesa", seja a "proletária", as impossibilita também para instituir estruturas democráticas de poder que sejam estáveis e capazes de conduzir racionalmente a sociedade com um mínimo de acatamento aos interesses das grandes maiorias. É essa impotência que tem condenado nossos países ao descompasso histórico e ao atraso evolutivo.

Nessas condições, ante a inviabilidade de uma revolução burguesa, *porque tardia* (dado o temor das classes dominantes à ameaça de uma progressão socialista) e, frente à impossibilidade de uma revolução socialista, *porque precoce* (em razão da imaturidade de suas massas e vanguardas para o desempenho desse papel), a América Latina vê-se historicamente paralisada. Vive, em consequência, uma existência política perturbada, de crise crônica, entre golpes direitistas e intentonas frustradas de insurreição.

Um dos requisitos necessários à ruptura desse impasse é alcançar clareza sobre o caráter e a forma da revolução latino-americana. Clareza, sobretudo, quanto às vias alternativas de progressão dos regimes vigentes a regimes solidários, cuja consecução esteja no horizonte de possibilidades dos protagonistas políticos concretos com que contamos. Outro requisito é o de que as forças virtualmente revolucionárias deixem de contentar-se com o simples desejo de forçar a realidade a enquadrar-se em seus esquemas cerebrinos de revoluções de utopia e fazê-las compreender que revolucionário é quem exaure, aqui e agora, as potencialidades de ação concretamente transformadora do contexto histórico nacional em que opera.

Acreditamos que a tipologia proposta se presta, também, a focalizar dialeticamente, como posições dinâmicas, as diversas categorias classificatórias, a fim de detectar suas predisposições a encarnar certas tendências típicas. A mais óbvia delas – ainda que de menor importância porque não conduz a nenhuma transformação social – é a sucessão no poder das elites patriciais e autocráticas em épocas de crise e de bonança. Outra, é a substituição dos regimes patriciais por regimes populistas que, levando a extremos a demagogia política e o clientelismo, são derrubados do poder. Uma terceira propensão é a de que as autocracias nacional-sindicalistas, no momento de sua queda, inspiraram movimentos reformistas de base popular, decididos a promover transformações estruturais, mas carentes de força para enfrentar a reação. Nesses casos o que produz é o veto militar, o golpe e o surgimento de regimes regressivos-repressivos que se autojustificam como contrarrevoluções de caráter preventivo destinadas a evitar que os governos reformistas descambem para o comunismo.

Outra sequência típica é a substituição de restaurações patriciais elitistas ou de ditaduras tirânicas por regimes nacionalistas-modernizadores, instaurados no curso de movimentos revolucionários ou de golpes militares. Especula-se também com a possibilidade de uma progressão das ditaduras regressivas – pela tomada do governo por militares "nasseristas" – para formas nacionalistas-modernizadoras de poder. Essa progressão ainda não ocorreu em nenhum país. Mas o temor generalizado da direita de que ela venha a ocorrer talvez esteja indicando uma sequência possível.

O salto dos regimes elitistas ou antielitistas a revoluções socialistas é uma possibilidade das mais remotas. Embora seja improvável, não é impossível que isso ocorra por alguma das múltiplas vias que tornam possível uma revolução social. Para isso influirá decisivamente a nova conjuntura internacional que se está gestando em nossos dias. Como traços dominantes prevalecem nela, por um lado, a deterioração da política externa norte-americana e o seu fracasso para exercer a hegemonia mundial. E, por outro lado, a crescente importância da América Latina para um império em decadência, cujo último reduto será este continente.

Estas últimas apreciações, que dizem respeito a um quadro mais amplo que o latino-americano, mostram o grau de internacionalização das lutas políticas que aqui se travam. Nesse sentido, nosso estudo dos protagonistas políticos do cenário latino-americano seria incompleto se nos limitássemos aos atores nativos. Nele também atuam, de modo cada vez mais acintoso e, lamentavelmente, de forma quase sempre eficaz, diversos tipos de agentes estrangeiros que precisam ser levados em conta se queremos ter uma visão objetiva das forças que enfrentamos.

Eles se apresentam sob três modalidades principais. Primeiro, os quadros dos serviços militares norte-americanos de assessoria às forças armadas latino-americanas que as ajudam a definir a teoria e a prática da segurança nacional, ao mesmo tempo em que lhes oferecem treinamento e as integram, em nível continental, na luta contra a insurgência. Em segundo lugar, os próprios *rangers* e *marines* que, em situações consideradas de perigo extremo, desembarcam em nossas praias. A terceira modalidade é representada pelos agentes da CIA e a vasta rede de espiões, provocadores, terroristas e sabotadores, amparados por políticos profissionais e por militares que montam e executam complexas operações contrarrevolucionárias. Algumas delas foram abertamente escandalosas, como a derrubada do governo Arbenz da Guatemala, o desembarque em Cuba, a caçada a Che Guevara na Bolívia e a "desestabilização" do governo de Allende. Denunciadas no Parlamento e na imprensa norte-americana, tais ações não puderam ser negadas. Outras, mais discretas, não foram tão enfaticamente denunciadas, como o golpe brasileiro de 1964.

Essas reiteradas intervenções na política latino-americana revelam, por um lado, que os norte-americanos têm uma ideia muito clara do tipo e do estilo de governo que eles consideram compatíveis com a perpetuação de sua hegemonia sobre o continente. E que esta visão é coparticipada pelas classes dominantes nativas, que encaram a tutela imperialista como a maior garantia da defesa de seus interesses. Demonstram, por outro lado, que as lutas políticas latino-americanas, embora se travem dentro dos quadros nacionais, já se internacionalizaram, colocando em mãos da reação imensas potencialidades de informação, de análise e de ação, que desafiam as esquerdas a superar sua alienação e seu provincianismo a fim de alcançar um mínimo de eficácia. Significam também que é improvável que na presente década uma liderança vanguardista possa desencadear, com suas próprias forças, uma convulsão social generalizada que conduza a uma revolução socialista capaz de consolidar-se. Os requisitos mínimos para que uma ação desse tipo seja vitoriosa excedem visivelmente as possibilidades atuais das vanguardas latino-americanas. Embora não se deva esquecer que as grandes revoluções sociais da história jamais se anunciaram previamente, sobrevindo quando menos se esperava.

De fato, na presente conjuntura dessas vésperas da década de 1980, vai ficando evidente que todos estamos condenados à democracia. A direita, porque os próprios norte-americanos revelam um temor crescente a confiar a guarda de sua hegemonia continental a ditaduras militares odiadas pelas populações latino-americanas. As esquerdas porque, dissuadidas das ilusões de uma nova revolução socialista de exceção, estão compelidas a ingressar no processo político eleitoral e na luta sindical como as arenas dentro das quais terão de viver o seu papel histórico.

Segunda carta de Pero Vaz de Caminha, a El-Rei, escrita da novel cidade de Brasília com a data de 21 de abril de 1960[*]

Senhor:

Escrevo esta nova carta para vos dar conta dos sucessos da Terra de Vera Cruz desde o dia de seu achamento até a construção desta Brasília onde agora me encontro. Eu a tenho, Senhor, por derradeiro feito e última louçania da gente de cepa portuguesa e me empenharei em bem descrevê-la, nada pondo ou tirando para aformosear nem para enfear, mas só praticando do que vi, ouvi ou me pareceu.

O estar entre gentes que só têm olhos para o amanhã, em que o destino é feito todo o dia e refeito ao amanhecer, talvez apicasse a veia profética que me pulsava em quinhentos. Serão augúrios, Senhor, nunca presságios, ou serão dificuldades de testemunha veraz em terra que já não distingue o era do é e do será. Jardins vejo e me apontam que não passam de terra revolta, avenidas monumentais que são mais grama e macega e lagos portentosos onde a água inda é bem pouca.

Este é um mundo todo novo em que pouco reconheço do que vi e experimentei outrora. Aquele que traçou Tordesilhas, repartindo a Criação, hoje é pastor de ovelhas, contente do seu ofício. As nações são muito outras, tanto brigaram e depuraram que na verdade duas apenas restam da porfia. Uma assenta ao Nascente, a outra ao Ocidente, ambas as duas voltadas de costas disputando um rodeio de rojões. Os povos assuntam com cautela, por saber quem soltará o rojão mais medonho e nisto as duas muito se empenham.

---

[*] Publicado originalmente pela revista *Senhor* do Rio de Janeiro (nº 4, abril, 1960).

Mas ofício de escrivão é tratar do que vê, não do que sente ou supõe. Portanto, do que hei de falar começo e digo:

Por entre as gentes vejo uns quantos trigueiros que certamente têm os mais dos seus avós enterrados em África. Andam, porém, tão indiferenciados entre todos, tão seguros de si e tão bem falantes de nossa língua que encanta vê-los. Sobretudo a elas. Têm feições bem tostadas, assim morenas, assim tisnadas, bons rostos e bons narizes, bem-feitos. Andam lânguidas como se bailassem e com tanta graça natural que suponho não haja nesta terra maravilha que a elas se compare.

Creio mesmo que o feito maior da gente lusitana foi esta misturação de sangues, tanto pelo regalo que se houve em obrá-la como e principalmente pelas criaturas que gerou. Só elas, na verdade, perdoam se haver gastado aquela indiada louçã que topei pela costa nos idos de quinhentos e louvei com tanto ardor.

Agora todas se cobrem de telas, mas com tal arte e malícia que mais despidas parecem. E se alguma cousa perderam da inocência com que d'antes se mostravam com as vergonhas tão nuas, muito ganharam na desenvoltura e na graça que usam, agora, para, embuçando-as, mais as revelar.

É de vê-las, Senhor meu Rei, pela manhã quando acordam, ainda esgazeadas da noite. No correr do dia, gentis, luzindo em formosura, fazendo e desfazendo, falando ou caladas, sem nenhuma esquivança. E à noite, ó Senhor meu Rei, à noite um homem carece de muita vergonha para conter-se na lei divina e só cuidar da multiplicação.

Se me alongo em matéria assim amena é porque muito me compenetro da devoção vossa pelos feitos lusitanos e para que mais se avivente a memória de quanto desta fartura de graça se deve a Portugal. E também porque entendo e quero que se entenda o progresso que a Criação, mercê de Deus, experimentou nestes séculos. Por muito que puxe pela memória, recordando as raparigas do Porto e as de Lisboa, tão belas, então, aos meus olhos, força é convir que eram bem pouco diante destas moças brasileiras. E aqui mesmo estão homens bons, maduros e velhos, sobretudo estes, a testemunhar comovidos que de geração a geração mais elas se adelgaçam e mais graças acrescentam sobre o despotismo de graça que hão.

Já ninguém aqui usa adereços de penas, nem quartejar o corpo com tinturas. Mas muita usança do gentio, em lugar de perecer como soía, por toda a terra se alastrou. Canudos esfumacentos que vi chupados por bruxos índios andam hoje na boca de homem e de mulher e todos rescendem à fumaça. As raízes que cuidei fossem inhames são muito cultivadas para delas se fazer uma farinha de pau que é o pão dos pobres. Dos mesmos índios tomaram variedades de plantas-fruteiras e de grão, tralhas pra todo uso e até muito nome bárbaro que usam entremeado na fala, pra desespero do meu entendimento.

Dos presságios que fiz em quinhentos, nenhum desmereceu. Avezados no vinho, a ele tão bem se acostumaram que hoje machos e fêmeas se embriagam com muita porfia e deleite. A cordura que neles vi ainda sobeja, hoje como antes andam mui mansos e brandos.

Mas é de assinalar, como a obra de mais vantagem que nesta terra se logrou, o alargamento de nossa santa fé. Ninguém há pagão entre eles. Muitos são até crismados e os amásios, podendo, quase todos se casam. São contritos e mui devotos. Mas, Senhor, este alargamento de fé se fez com tamanha misturação de idolatrias d'África e abusões da terra que me enche o peito de piedade e mor espanto. Se este povo continua crescendo ao passo de agora, breve o veremos em Cruzadas a pregar pelo mundo todo os nomes de santos-homens emparelhados com outros de mui baixa extração. Falsas santidades, antes desconhecidas, como esta tocante Iemanjá, combinação de virgem, de santa e de sereia, trazem após si, atadas, inteiras multidões, nas quais vejo, contristado, muitos veros lusitanos. Neste lago de Brasília, ainda nem bem formado, já os ritos de Iemanjá abalam as noites e nem eu, Senhor, padeço não vê-los, tanto encantam a olhos de velho navegador.

Toda a gente aqui tem por muito certo e provado ser esta Brasília o prodígio dos tempos. Para provar quanto siso tem este juízo devo contar a história de dois homens de gênio e de um herói que implantaram esta cidade no chão das coisas existentes.

O primeiro é Lúcio Costa, riscador de ofício e homem de muita arte. Segundo contam, cinco dias se fechou ele numa grota, em jejum de um tudo, para esquecer todas as cidades jamais inventadas. Cumprida a penitência, comprou por doze mil-réis uma tira de papel e nela debuxou, displicente, a cidade que não era, nem se supunha. E tão candidamente desvencilhou-se que nunca obra tão breve gerada a tantos tão longamente ocupou e tanto ocupará.

O segundo gênio é um homem sagaz, um novo Israel, doutor em dinheiros. Muita lição têm seus serviços que não pode ser esquecida nesta crônica. Sua invenção maior, batizada *Novacap*, consistiu em tomar um vasto chão, despido de um tudo, tirá-lo a seus donos, por força de lei, em troca de trinta dinheiros, que era muito mais do que valia. Depois, declarando o mesmo chão assento de grande capital, passa a vender nesgas dele a preços de muita usura. Isso foi só o começo. Como as vendas tardassem e fossem à prestação, tendo a obra a construir e seu amo a resmungar, Israel se lança à façanha mais ousada. Faz-se homem de sindicâncias e logo descobre dívidas enormes que não se deviam ao governo, mas o governo é que devia. Endemoniado, Israel sai no encalço dos credores, promete mui pronto pagamento aos juros daquelas dívidas todas, desde que o dinheiro lhe dessem para as obras de Brasília. Troca, assim, o matreiro, dívidas velhas caducas por dívidas novas em flor.

Tudo somado, meu Rei, deu dinheirama tamanha que careceu Israel fazer um encanamento que da boca do Tesouro desemboca na Brasília. Diante dessa chuva de ouro que cai de dia e de noite, nada são os pobres quintos que tanto nos amargaram. O que nos faltou, na verdade, foi um Israel como este, no tempo em que desmontávamos morrarias e esgravatávamos grupiaras por estes brasis afora. Sem suor, sem cativeiro, sem quintos e inconfidentes, Israel inventou a maior mina que este país já houve, ganhou fama e será comendador, pois diz aos ventos que seu gênio custeou, sem gastos para o orçamento, a construção dos palácios, das casas, das ruas, das praças e de tudo que faz Brasília orgulho dos brasileiros.

Seria injusto esquecer que, de tudo isso, o maior culpado é um certo David, Kubitschek, homem de muito engenho. Dele louvam feitos tantos que me contentarei com a menor parte, só vos dizendo do que vi ou me foi contado.

Qual um segundo Golias, velho e descadeirado, ressonava este país, deitado na praia de Copacabana. Bem que tinha seu conforto, confiado que estava no provedor da veste dos lírios, gozando os dengos de Gudin, a lhe catar os piolhos e o doce afago de Mc-Hower, a lhe fazer cafuné. Eis que surge o tal David, irmão de Macunaíma, sem pedras nem fundas, só armado de sua febre, a palavra fácil e um chuço de índio. Cutuca que cutuca, até o gigante virar. Agora, de costas para o mar-oceano, Golias boceja, voltado para o mar-do-sertão. Qualquer nova cutucada o colocará sobre os pés e, então, os quatro grandes do mundo serão sete, dezessete ou nenhum.

O primeiro gesto de Golias em sua nova postura foi reclamar para pouso esta cidade impossível. Aqui a tenho, agora, desdobrada neste campo-palma, levemente ondulado, no planalto de Goiás. Por onde quer que me vire é só mataria meã e enfezada, todo ano corrida de fogo do campo.

É de vê-la, Senhor, no deserto em que foi plantada, como a ilha perfeita no mar da miséria goiana. Bem sei quanta ousadia gastamos por este mundão afora e aqui mesmo quando edificamos a Bahia dos Santos e dos Pecados, de cara voltada pr'África, a preterida cidade do Rio de Janeiro, a esquecida São Luís do Maranhão, a combalida Nossa Senhora do Belém do Grão-Pará, na boca do rio-mar. Todas elas e muitas outras foram plantadas ali onde estão por um ato de vontade, mandando que fossem feitas para cumprir destino deliberado. Esta Brasília, porém, escapa às medidas de tudo que já foi feito. Nasceu madura, sisuda e monumental, embora também aprazível e até desvairada. E com a destinação ambiciosa de desenraizar esse Brasil da praia e mudá-lo para o sertão bruto.

Aqui tenho a meu lado o mestre Lúcio Costa a explicá-la: sua forma é a de uma cruz assentada no chão. No topo, um terraplano triangular para ser a cabeça desta *urbs* e do país. É a Praça dos Três Poderes. Nela se alevantam, altaneira, a casa em que se fará a lei e, nos vértices opostos, acachapados, aquelas em que se dará cumprimento ou se cobrará o descumprimento dela. Tudo feito a capricho para ter soberbia. Não se puseram bancos, nem encostos, nem adornos para que todos ali estejam sempre de pé, em prontidão, como convém.

Para dar um tom brasileiro a cenáculo assim solene, plantou-se um buritizal, proibindo-se, porém, a senadores gaúchos aí amarrar seus corcéis e a deputados cearenses entre os troncos estender suas redes. Tomou-se, também, o cuidado de, ao pé do arrimo, onde se estende larga campina, plantar grama intervalada de colonhão, para que pasto não falte, em caso de necessidade.

Destacada, como convém a um quarto poder, se alça a catedral, excêntrica à Praça Maior. Não há como vos dar uma imagem dela, tão inusitado é o gosto e o capricho de Oscar, riscador de tudo de bom, e responsável por tudo de ruim que aqui se edificou. Deste homem tanto se houvera de falar que melhor é calados ficarmos no coro – e só dizer que, arquiteto do último faraó, trabalhou pelo avesso, pois, em lugar de construir túmulos de reis, plantou aqui o futuro.

Mas voltemos à cruz. A seus pés, oposta à Praça dos Três Poderes, o juízo mandou botar, num largo, a polícia, os bombeiros e, sobretudo, um hospício espaçoso. Entre as duas praças, corre, obra de meia légua, a avenida Monumental, aí desfilam hoje os ministérios e amanhã se enfilarão os bancos, o grande comércio e as casas de folgança.

Os braços da cruz, seu tanto arqueados, formam o velame da cidade. Aí correrão, em louca disparada, veículos motores em pistas que, para nunca se cruzarem, engalanam-se em laçadas francesas, investem de chão adentro ou saltam em pontes por sobre o vazio. Ao longo desta azáfama, dispõem-se grandes quadrados, emoldurados em cintas de arbustos que serão árvores amanhã. Dentro deles há de viver e morrer o comum da gente, engavetada em escaninhos suspensos, mas tendo por consolo o chão reconquistado para espairecer sem temor aos monstros mecânicos.

Os burocratas infantes, com menos de sete anos, terão dentro das quadras arremedos de escolinhas para brincar com o tio Augusto Rodrigues. Os mais crescidinhos, a um passo da casa, quatro horas estudarão e mais quatro folgarão, atravessada uma alameda, numa escola-oficina-gandaia inventada por Anísio Teixeira para fabricar gente que melhor suporte e sustente o progresso do Brasil. Aos mais taludos, capazes de atravessar a rua dos loucos, prometem uma escola-escada, pela qual cada um há de subir segundo o peso de seu talento.

Devo dizer, Senhor, que a meu pesar, tudo isso, como o mais, são augúrios de homens de muita fé.

De Brasília resta contar que é a morada do Rei, aqui chamado Presidente, aquele que a si mesmo se escolhe para dirigir o país e, após, peleja e ganha dos outros que a si também se escolheram. Para conforto desse personagem, Oscar edificou um palácio de alvorada, tão improvável que apenas poisa no chão. É de tal forma inconsútil, airoso e etéreo que quem hoje o vê, cuida, amanhã, que sonhou. Para as abluções senhoris e outras conveniências, colocaram-se junto às alcovas uns quarto de mármores e ferros, com cisternas e borriféis que já não se podem gastar, tanto é o povo que acorre, noite e dia a vê-los.

Esta é, Senhor, a cidade-máquina para os homens-multidão deste século. Não cuidei que eles sejam de engonço, mas tanto diferem da gente do nosso tempo e tanto se obstinam neste descaminho que breve não nos terão por avós.

Ignoro como isto principiou. Suponho que sejam efeitos de umas bolandeiras de ferro que os ingleses inventaram. Tanto estas máquinas se multiplicaram, e com elas os homens, que hoje há enorme fartura de gente no mundo. É tanta e tão esganada que para sustentá-la a contento só entregando o serviço bruto à maquinaria. Para abrigar tanto povo as cidades incharam, o casario amontou-se, casa por cima de casa, que hoje qualquer delas faz sombra à Torre de Belém.

Este Brasil, tão nosso no que fomos, fugiu quanto pôde a tamanha subversão. Mas a tempo vislumbrou que, crescendo seu povo um Portugal cada ano, se continuasse contido no trabalho de duas mãos, breve teria apenas miséria pra dividir entre tantos. Chegara-se já a um ponto em que, com fartura, só havia mesmo gente de mui triste condição. Como este é artigo que americano não compra por dólar, tratava-se de empregá-lo no enricamento do país. Serviço é que carecia, pois vaga mesmo só tinha na carreira de padre e justamente para isso o Criador mal dotou os brasileiros, gente de muita fé, mas de pouca compostura.

Daí foi que surgiu o tal David, Kubitschek, pregador mui eloquente. Começou por dizer e fazer acreditar que de dias faria meses, de meses, anos inteiros, e que dinheiro fabricaria para encher todos os bolsos. Com tal afoiteza de fala, ainda maior de andarilho e muita malícia mineira, tirou deste povo o descanso. De suas obras muitas, só bem poucas posso aqui enumerar. O rio mais comprido desta terra, que se acabava em rego sestroso, ele inflou de águas vivas e transmudou em estrada sem tamanho. Represou córregos e ribeirões, alagando mundões de terra, depois sangrou e o salto das águas fez trabalhar cativo para alumiar mil lugares e mover maquinaria. Forjou ferro com modéstia porque mineiro não acredita nisto e por tamanha asneira tem sido muito xingado.

Mais grave é o que ele não fez, por puro temor de uma casta de maus donos que desgraça este país. Desde os ermos de Brasília e pra diante e pra trás há aqui terras sem dimensão, mas são todas possuídas de donos tão ciosos quão ociosos. Raros deles lavram as terras e uns poucos dizem que criam. Uns e outros mentem porque nunca quem lavra é o dono e os criadores daqui na verdade são é criados pelas alimárias do campo. Seu serviço consiste tão só em colher o fruto, quando a chuva do céu engorda o pasto da terra e com ele suas boiadas.

Nesta terra de tal maneira graciosa que, querendo aproveitar, dar-se-á nela tudo, periga o povo padecer de muita fome por falta de um homem com disposição de recordar aos tais donos as condições em que tanta terra se deu. Os títulos de sesmaria e aqueles que elas geraram, entregavam terras para que se gastasse com suor próprio ou encomendado. Segundo a mim me parece, mas não ao tal David, Kubitschek, falta a este Brasil uma lei de muito arrocho que aos donos detenha na figura de senhores das suas terras pelo muito que prezam aos títulos e porque esse é o único modo porque sabem possuí-las. Mas com ordem mui severa de que nenhum desses donos possa a ninguém obstar o uso das ditas terras que eles não queiram lavrar e que disso não poderão haver fruto algum.

Este Davi fez outras coisas tais e tantas, aos ricos tanto enricou, aos pobres tanto empregou que, hoje, muitos o querem pra Rei. Disto o Brasil está livre, diz lá ele, porque só tendo filha mulher e sabendo da ojeriza desse povo por genro, a tanto não se aventura.

Para não romper uma tradição, esta carta, como a primeira, encerra com um pedido, já não pra meu genro, Jorge d'Osoiro, que no seu desterro é morto, enterrado e esquecido e talvez até perdoado de seus tantos pecados. Mas receberei com muita mercê de V. Majestade, se alguma cousa meus serviços vos merecem, a graça de intervir junto a J. K. para que a esta Brasília não se negue uma Universidade que seja nova como ela própria e capaz de difundir pelo Brasil o espírito inovador que presidiu sua construção. É pelos candangos que peço, no temor de que cresçam boçais, e pelo Brasil que, depois de padecer tanto governo com mentalidade de asfalto, não merece sofrer outros tantos com mentalidade de capim. E também por Ciro dos Anjos, mortificado no temor de voltar, na velhice, às conversas belo-horizontinas, à porta da farmácia, sobre operações de apendicite pelo espiritismo.

Esses e maiores danos só se logrará evitar desatando-se a vontade daquele que fez Brasília, mas parece querê-la tacanha e incapaz de multiplicar-se a si mesma.

Desta cidade-capital, no mês de abril do Ano da Graça de 1960, augura ao Rei Saúde e Fraternidade, o cidadão do Porto

Pº Vaaz de Camjnha / Pela cópia,

Darcy Ribeiro

Três pragas acadêmicas

Evidentemente nós, os intelectuais, não somos nenhuma maravilha. Somos, de fato, uma frágil matéria corruptível. Quem de nós, isento de culpas, poderia assumir legitimamente o papel de juiz? Eu não, certamente. Apesar disso, às vezes não se pode fugir à contingência de apontar prevaricações demasiadamente notórias. Sobretudo quando, encobertas, elas ameaçam generalizar-se, viciando nosso ambiente acadêmico já tão acanhado e medíocre.

Esse é o caso de três pragas vorazes que desde 1964 caem como gafanhotos sobre cada matinho de integridade intelectual e de consciência crítica que, a duras penas, consegue medrar aqui e ali, tudo corroendo, insaciáveis.

A primeira praga caiu sobre nós com a entrega, pela ditadura militar, da direção das nossas universidades e institutos de pesquisas aos seus gerontes mais reacionários que eram também, notoriamente, os mais incompetentes. Perseguidos e expulsos os estudantes e professores mais lúcidos e combativos, se assanhou sobre a comunidade acadêmica e a científica – amedrontadas e caladas – a repressão comandada por essa mediocridade ressentida e conivente. Durante anos ela vivera encolhida pelos cantos vendo, com amargor, como cresciam e floresciam novas gerações, cada vez mais dispostas a fazer das universidades e institutos culturais centros de criatividade intelectual e instâncias da consciência crítica. No plano acadêmico, ela dera já por perdida, há muito, a batalha contra essa nova geração. Ultimamente, apenas resmungava contra as presenças irreverentes que dificultavam às instituições culturais continuarem reproduzindo o tipo de profissionais alienados e difundindo o mesmo velho tipo de saber, comprometidos ambos com o atraso popular e com a espoliação nacional.

Eis que, inesperadamente, sobrevém o golpe militar e a conjuntura se inverte, chamando a mediocridade reacionária a uma liderança que ela só podia exercer pelo autoritarismo. A nova ordem, sendo regressiva no plano social, tinha que ser repressiva no plano político. Para tanto, além da brutalidade policial e da boçalidade dos censores, ela precisava da conivência de agentes internos que levassem ao mundo intelectual o reacionarismo contrarrevolucionário da ditadura. Nem precisaram procurar porque a mediocridade ressentida acorreu, solícita, para o desempenho do papel de dedo-duros e de repressores. Dói pensar em quantos velhos professores teriam se aposentado tranquilos e até dignos se, coitados, não fossem conscritos pela ditadura para essa guerra suja que os emporcalhou irremediavelmente. Aí estão eles, agora, outra vez procurando os cantos. Perplexos e amargurados, não podem perdoar essa ditadura que, primeiro, os convocou para tão tristes papéis e, depois, sai com essa anistia que, apesar de tão pífia, lhes parece promulgada contra eles e generosa demais.

Terrível foi a vergonha a que se viram submetidas, nesse passo, as instituições culturais. Os institutos de pesquisa mais prestigiosos com que contávamos – como Manguinhos e o Centro Brasileiro de Pesquisas Físicas – foram avassalados, humilhados e castrados. As universidades sofreram vexames ainda maiores como sucedeu à UnB, à USP e à UFRJ, entre outras. Nos dois casos, tanto é de ressaltar a retidão dos cientistas e dos professores que resistiram à onda repressora e suportaram o peso da punição vingativa, como a desfaçatez ativa ou a conivência passiva dos que perseguiram ou consentiram no acossamento das melhores figuras intelectuais deste país. Ainda mais terrível foi a aflição da comunidade universitária quando, sobrevindo o AI-5, se viu subjugada e silenciada à força de castigos e ameaças.

Além de castigos proporcionais à identificação de seus professores e alunos com as causas populares, as universidades foram penalizadas com uma injúria maior. Sua própria reforma institucional foi entregue a uma missão estrangeira – através do célebre acordo MEC-USAID –, especialmente contratada para isso, juntamente com os que promoveram a modernização científica da polícia política e o treinamento dos torturadores. Tudo isso se fez, não esqueçamos, com a participação ativa de catedráticos trêfegos e de pesquisadores coniventes, investidos de cargos de mando para impor a suas casas a nova ordem anti--intelectual, antinacional e antipopular.

A segunda praga foi a dos *brazilianistas*. Proibidos os brasileiros de estudar criticamente nossa realidade social, o Brasil se viu invadido por dezenas de bisonhos universitários norte-americanos, ansiosos todos por nos entender e nos explicar através de teses doutorais e de relatórios de pesquisa. Aos brasileiros não se permitia estudar nada. Aos *brazilianistas* tudo. Inclusive o militarismo e até o próprio regime que foram objeto de dezenas de *papers*, tão copiosos quanto inócuos ou cúmplices. Assim é que, com os principais estudiosos brasileiros proscritos das universidades e dos institutos de pesquisa e às vezes até expulsos do país, se abriu um espaço prontamente coberto por jovens talentos ianques. Alguns não tão jovens, mas todos muito sabidos que passaram a tudo inquirir exaustivamente e de tudo falar incansavelmente. Aprendemos neste tempo de provação como a comunidade universitária norte-americana é rica de gente predisposta a assumir as funções mais torpes, revestindo-as de disfarces acadêmicos.

Alguns destes *brazilianistas*, celebrizados pelo êxito editorial que alcançaram com as histórias do nosso presente de então, repetem a façanha do fundador de nossa historiografia. Varnhagen, o Visconde de Porto Seguro, escrevendo a história-para-o-trono, converte as lutas sociais do povo brasileiro em motins de desordeiros, para só deixar visível e louvar desavergonhadamente a ação civilizatória da nobreza imperial lusitana. Seus sucessores, bons patriotas, escrevem a história-para-o-Departamento-de-Estado. Todos lemos, edificados, em seus livros – prontamente traduzidos e editados aqui, largamente – que o golpe de 1964 foi natívíssima criatura brasileira, em cujo planejamento e consecução a embaixada norte-americana, a CIA e o governo Johnson não tiveram qualquer participação. Tudo isso versado na melhor linguagem acadêmica, exaustivamente comprovado e muito bem remunerado.

É bom esclarecer aqui que sempre foram bem-vindos ao Brasil – e continuam sendo – os verdadeiros estudiosos norte--americanos ou de outros países, aos quais tanto devemos. Qualquer brasileiro pode citar muitos deles dentro de sua especialidade. São mestres e colegas que respeitamos e prezamos, os quais não podem ser confundidos com a praga de falsos acadêmicos que nos empiolhou nesses anos de negror.

A terceira praga, também danosa, mesmo porque composta com gafanhotos nacionais bem adaptados à ecologia e ao jeito brasileiro, foi a dos cavalos-de-santo. Trata-se, no caso, de inocentes rapazes só desejosos de fazer uma boa e rápida carreira acadêmica. Contudo, dissuadidos de estudar qualquer tema socialmente relevante – porque, sendo brasileiros, demasiado era o risco de prisão, tortura, sequestro e até morte que a ousadia poderia custar –, eles tiveram que buscar alguma saída. Descobriram logo que tudo era muito simples: bastava se converterem em porta-vozes de prestigiosos mestres estrangeiros. Tanto se afanaram nesse empenho que alguns alcançaram prontamente o virtuosismo de ventríloquos. Dezenas deles aí estão a ruminar, contentes, todo pensamento já pensado.

A saída oportuna, além de garantir carreiras seguras, rendia frequentemente longas viagens de estudo no estrangeiro, onde os tristes e silentes cavalinhos daqui tomavam porres de liberdade e alegria e até se permitiam ares contestatários. E o preço era razoável, uma vez que não se pedia mais do que fazer das liberdades acadêmicas um exercício exaustivo – e se possível exegético – de leitura, decoração e repetição de quanto saber inocente se gerasse nos grandes centros metropolitanos do Ocidente. Nesse transe a sabedoria se converte numa extraordinária habilidade de rememorar, citar, reiterar, papagaiando quanto se dissesse, lá fora, com graça e se possível com acerto; desde que estivesse na moda e não cheirasse a ativismo subversivo. Armados com esse discurso, nossos cavalinhos-de-santo nada explicam do modo de ser do nosso povo, nem dos desafios históricos que enfrentamos, mas brilham como vagalumes dentro da noite da civilização a que servimos e que, por sua boca, expressamos orgulhosos.

Não exageremos, porém, uma vez que se trata, afinal, de meros pecadinhos veniais. Raramente eles delinquem, tão só se conformam ao papel de intelectuais consentidos. De fato, retomam a velha tradição tão nossa do intelectual basbaque, deslumbrado com o saber das sumidades do mundo. Apenas recaem na nossa velha e crônica enfermidade do espírito, a erudição, que converte a busca do saber em um ato de fruição onanística. Em lugar de usar a inteligência como instrumento de entendimento e de refazimento da realidade, eles se contentam em exercê-la em gozos subalternos, ostentatórios e fúteis.

Esta mesma praga de macaqueação dá, a seguir, uma floração exuberante quando emerge e se instala nos postos de mando a geração dos cavalinhos. Agora, o que fora necessidade imperativa e até inevitável se converte em prática espontânea e viciosa; em conivência que se exerce com desfaçatez e vaidade. Já não se cuida apenas de absorver e recitar saberes alheios. Pretende-se criar nas mesmas bases um saber próprio e propício, através de amplos programas de estudos e pesquisas. Como não poderia deixar de ser, trata-se, naturalmente, de pesquisas politicamente seguras, não só por sua temática fútil que foge de qualquer tema ou problema polêmico mas, e principalmente, por sua metodologia adequada. Esta consiste em montar aparatosas operações de coleta de abundante material ilustrativo da veracidade e, se possível, da genialidade de teorias perfeitamente comprovadas dos referidos mestres estrangeiros. Para tanto, convertem nossas universidades e institutos científicos em bases de operação de instituições estrangeiras; aprofundando assim a colonização cultural no Brasil.

Até supostos marxistas entram na dança produzindo uma literatura marxológica de perfeita assepsia revolucionária. Uns, ao compasso althusseriano, convertem o marxismo numa escolástica exegética fundada na certeza de que nos Textos – como na Bíblia – está contida e escondida toda a verdade. Só é preciso, segundo pensam, ser tão ardiloso para desvendá-la como Marx o foi para disfarçá-la. Outros se agarram a marxistas modernos como Gramsci, tão somente para esterilizar seu pensamento. É tal sua certeza de que os mestres já repensaram definitivamente o mundo – inclusive nosso mundinho geisel-funéreo – que, a seu juízo, seria melhor ler nossa realidade em suas obras do que pretender vê-la aqui diretamente, olhando em torno. Gramsci morreria de vergonha desse tipo de marxismo.

Reconheçamos aqui que há diferenças substanciais entre aquelas mediocridades mandatárias e os *brazilianistas*, de um lado – que englobam culpados – e, de outro lado, os cavalinhos e os cavalões – que são meros coniventes. Estes últimos, de certa forma, são até vítimas da ditadura que, submetendo o povo brasileiro ao despotismo, dificultou todo trabalho intelectual honesto e toda autenticidade científica. Até aqui, muito bem. Nossos amáveis equinos, coitadinhos, fizeram o que puderam para salvar a pele enquanto durasse a iniquidade. Felizmente sobreviveram. Ocorre, porém, que uns tantos deles assumem ares de heróis e não de vítimas. Gostariam, ao que parece, de continuar tocando seu realejo e treinando novas gerações de papagaios. Viciaram. A estes, temos não somente de lamentar, mas também de chamar à decência.

O importante, contudo, não é contrastar aqueles agentes com esses coniventes, mas opor a uns e a outros toda a geração admirável de intelectuais que resistiram ao avassalamento da cultura brasileira, preservando sua autonomia intelectual. Especialmente aqueles que, debaixo de condições tão adversas, estão produzindo a nova sociologia, a nova antropologia do Brasil que prometem ser as melhores que tivemos.

Olhando para eles, se vê que nem tudo está perdido. Na verdade – para minha surpresa e alegria – muita coisa está até melhorada. Com efeito, longe das cavalariças se cultiva, hoje, um pensamento mais crítico e criativo do que em qualquer tempo. Ainda vetado ou pouco difundido, é certo, mas pronto para expressar-se amanhã. O mais alentador, porém, é que à sombra delas surge um pessoal novo, tão cheio de gana e de garra, que dá gosto. Andando por todo o Brasil, alegra ver como, neles, nossa geração intelectual se multiplicou por mil. Uma vez liberta de gerontes e de ruminantes, essa nova geração promoverá um verdadeiro florescimento de criatividade cultural. Comprometida com o povo.

Assim se vê que o milagre brasileiro houve, mas não foi o dos delfins. Foi, isto sim, o fracasso da lavagem de cérebros promovida pelo governo através do MEC, da OSPB, dos EPB, da TVC, da DDI, da AERP, do 477, do 288, que não conseguiram esterilizar a juventude. Aí está por toda a parte para ser vista por quem busca, fala e escuta, a juventude mais atenta, lúcida e contestatária que jamais neste país se viu.

Milagre maior, contudo, o de muita gente que, resistindo à brutalidade policial da ditadura, às seduções de seus agentes intelectuais, manteve o Brasil aberto aos ventos do pensamento libertário que corre o mundo e, mesmo redigindo teses e *papers*, pôs o saber científico a serviço do diagnóstico de nossos problemas, às vezes com acuidade e retidão exemplares.

Só vale a pena entrar em perquirições penosas e antipáticas como essas para limpar os ares dos miasmas desses três tristes lustres, a fim de ingressarmos limpos na vida nova. O convívio democrático que se abre, afinal, à nossa frente, como campo em que vamos conviver e trabalhar exige de todos nós três ordens de compromisso.

Primeirissimamente, não consentir, daqui por diante, que ninguém venha jamais a ser perseguido como subversivo pelas ideias que defenda, como ocorreu efetivamente e ainda ocorre a tantos milhares dos intelectuais mais capazes e mais dignos deste país.

Em segundo lugar, o de não permitir que ninguém, no futuro, possa jamais ser premiado pelo que diga ou pelo que cale, com atestados de limpidez ideológica, cargos ou encargos – como efetivamente ocorreu nestes quinze anos de despotismo e ainda ocorre – para vergonha de todos nós.

E, em terceiro lugar, o compromisso de denunciar todas as formas de colonialismo cultural – inclusive as aparentemente inocentes como a erudição onanística e o hábito de papagaiar saberes alheios, indiferentes ao nosso destino – como atos de traição moral, intoleráveis para intelectuais de povos que fracassaram na realização de suas potencialidades. Nossa tarefa, frente a esse fracasso, é criar aqui, pelo esforço coparticipado dos brasileiros, à luz da melhor metodologia científica e da crítica mais lúcida e mais severa, um saber genuíno e comprometido que tanto explique nossa triste realidade passada e presente, como ajude a impedir que ele se reproduza no futuro, com as mesmas formas atrasadas e iníquas de antagonismo social.

RÉQUIEM

Não nos esqueçamos de que este é um tempo de abertura. Vivemos sob o signo da anistia que é esquecimento, ou devia ser. Tempo que pede contenção e paciência. Sofremos todo ímpeto agressivo. Adocemos os gestos. O tempo é de perdão. Esqueçamos completamente, soterremos no fundo do jazigo dos olvidos eternos os subversivos de 1964 que conspiraram e urdiram o golpe, comandados por um adido militar norte-americano.

Esqueçamos os políticos de então, tão cheios de tão extremado amor pela Constituição e pela rotatividade do poder que só falavam da guerra revolucionária e da marcha do governo para o desgoverno e o continuísmo.

Esqueçamos, sobretudo, os brasileiros que pediram e obtiveram a intervenção estrangeira. Primeiro, de ricos dinheiros para o suborno eleitoral e o custeio da campanha antigovernamental. Depois, de homens, de armas e de gêneros para garantir o êxito da empreitada golpista.

Esqueçamos os torturadores, os violentadores, os sequestradores, os assassinos que dilaceraram corpos, arrombaram mulheres, empalaram homens, mataram e esconderam os corpos de tantos pais e filhos de muita gente que aí está chorando e procurando os cadáveres para enterrar.

Esqueçamos os censores que estiveram guardando como cães ferozes a inteligência brasileira para que ela não gemesse nem balisse sequer de horror pelo que via, nem de solidariedade pelos que sofriam.

Esqueçamos os juristas pressurosos, sobretudo os velhos liberais, tão eloquentes antes, na defesa das liberdades, como coniventes depois na liquidação delas e na partição do espólio de cargos e proventos.

Esqueçamos tudo isso, mas cuidado! Não nos esqueçamos de enfrentar, agora, a tarefa em que fracassamos ontem e que deu lugar a tudo isso. Não nos esqueçamos de organizar a defesa das instituições democráticas contra novos golpistas militares e civis para que em tempo algum do futuro ninguém tenha outra vez de enfrentar e sofrer, e depois esquecer os conspiradores, os torturadores, os censores e todos os culpados e coniventes que beberam nosso sangue e pedem nosso esquecimento.

Leia também, de Darcy Ribeiro

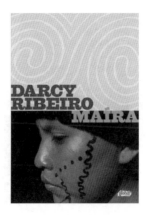

Darcy Ribeiro foi um homem múltiplo: antropólogo, etnólogo, político, educador e um dos mais importantes intelectuais brasileiros, além de ter ajudado na fundação do Parque Indígena do Xingu. *Maíra*, seu romance de estreia, traz para o universo ficcional sua experiência como antropólogo, o que levou o crítico literário Antonio Candido a afirmar: "curioso é o caso de um antropólogo como Darcy Ribeiro, que no romance *Maíra* renovou o tema indígena, superando a barreira dos gêneros numa admirável narrativa onde o mitológico, o social e o individual se cruzam para formar um espaço novo e raro".

Em *Maíra*, o índio Avá deixa o convívio de sua tribo, ainda menino, e parte para Roma com o propósito de se tornar padre e missionário. Seu retorno, acompanhado da carioca Alma, resulta em momentos intensos, que mostram a riqueza da cultura indígena e sua inadequação aos valores hegemônicos da sociedade cristã.

No romance, vê-se a apaixonada defesa da causa indígena, promovida pelo autor durante toda sua trajetória de antropólogo. Embebido por leituras teóricas sobre o universo dos índios e, especialmente, por sua experiência de vida junto a eles, Darcy constrói aqui uma narrativa instigante e envolvente em torno do contato entre o mundo dos conquistadores e o dos conquistados, flagrando os desdobramentos trágicos resultantes desse encontro.

Com suas primeiras linhas gestadas no exílio, O Mulo conduz o leitor por uma viagem a um Brasil profundo, aquele dos sertanejos que sofrem diariamente com as asperezas do trabalho no campo.

As histórias destes seres humanos vêm à tona por meio da confissão escrita de um homem que, por sentir estar nos últimos dias de sua vida, decide deixar à disposição de um padre um relato de toda a sua trajetória, desde a infância de menino órfão até a realidade do homem feito, dono de grandes propriedades, de gado e de gentes. De modo intencional, são as vozes destas gentes que Darcy nos faz ouvir, cansadas da exploração desmedida de sua mão de obra, do racismo e das injustiças sociais que vincam suas existências.

Ainda que O Mulo possa parecer, num primeiro momento, um romance focado na realidade dos habitantes do sertão, ele reverbera para além desta região, denunciando as agruras vividas por todo o povo humilde desse Brasil.

Utopia selvagem, que tem o esclarecedor subtítulo "Saudades da inocência perdida" é uma fábula (assim o autor a batizou) escrita em tom lúdico, como se o mundo dos homens fosse um grande parque de diversões. É uma boa maneira de se dizer verdades duras e seduzir o leitor, sem aborrecê-lo. Com irreverência e deboche, Darcy Ribeiro conta as aventuras de um novo Macunaíma (a comparação é inevitável), em busca do Eldorado, vividas em um Brasil mítico e simbólico, mas em substância muito real, povoado por amazonas, índios que não entendem a civilização dos brancos, missionárias religiosas que não entendem a cultura dos índios e uma tropa do exército brasileiro numa estapafúrdia missão na Amazônia.

Engolido por uma nuvem branca, o negro Pitum cai no "país mulheril", tribo indígena habitada só por mulheres, onde exerce as funções de reprodutor único. A felicidade não é eterna, e logo a tal nuvem branca o leva a outra tribo de índios, oportunidade para o autor dar plena vazão à fantasia, realçando o choque entre a mentalidade dos índios e a dos civilizados e a busca problemática de uma inocência perdida, que talvez nunca tenha existido. E, de repente, como saído do nada, surge o personagem Próspero, emissário da civilização moderna, garoto de recado das multinacionais, revelando o pensamento das grandes potências sobre uma discutível estrutura de poder e gozo vigente no Brasil.

Polêmico, visionário, divertidíssimo e contraditório, *Utopia selvagem*, com sua liberdade de composição, sua mistura de fantasias e reflexões contundentes, ditas em tom descompromissado e terminando com uma inesquecível e gozadíssima guerra escatológica, é na verdade uma antiutopia, um retrato mágico de um país ainda em busca de sua verdadeira identidade.